Sprachführer Kölsch

Helga Resch & Tobias Bungter

Sprachführer Kölsch

Mit einer CD, gesprochen von Tommy Engel

KIWI Köln

*Die Autoren danken vun Hätze: Tommy Engel und Jürgen Fritz,
Wulf Reiners, den Fotomodellen Monika Danebrock und Paul Nauwerk,
Nico Cronemeyer, Mietzi, Constanze Cremer, Mareike Hölter, Traudl Bünger
sowie der ganzen Resch-Famillisch, allen voran Heribert. Ihr wort jot!!*

*Auf eine sprachliche Geschlechtskennzeichnung haben wir verzichtet.
Es sind immer auch die Frauen gemeint.*

*Die Orthographie orientiert sich am „Neuen Kölnischen Sprachschatz“
von Prof. Dr. Adam Wrede, sie wurde an einigen Stellen behutsam modernisiert.*

1. Auflage 2004

Verlag Kiepenheuer & Witsch, Köln
Lizenzgeber: Labonté Köhler Osnowski Verlagsgesellschaft mbH, Köln

Umschlaggestaltung: Tobias Bungter, Köln
Layout und Satz: neue maas 11, Köln, Greiner & Reichel, Köln
Druck und Bindearbeiten: GGP Media, Pößneck
CD-Produktion: Unic Media GmbH, Köln
Aufgenommen und gemischt von Jürgen Fritz

ISBN 3-462-03557-6

Köln – immer eine Reise wert

Wer träumt nicht von einem Besuch der Domstadt, wo die Wellen des Rheins romantisch an die Ufer schwappen, die bunten Häuschen auf dem Altermarkt so fröhlich von der kölschen Seele erzählen, die vielen Brunnen dazu herrlich sprudeln und die Türme des Doms dem Besucher zuzunicken scheinen? Dennoch wird sich mancher Besucher fragen: Welch eigentümliche Sprache wird hier gesprochen? Warum kann ich die Verkäuferin im Kiosk nicht verstehen, den Taxifahrer, den Pastor, den Kellner?

Mit diesem Sprachführer werden Sie fit für das Abenteuer Kölsch. In praxisnahen Lektionen werden Ihnen nicht nur die notwendigen Vokabeln und Redewendungen vermittelt, sondern Sie erfahren außerdem viel Wissenswertes über die Rheinmetropole und ihre Geschichte, die Sitten und Bräuche der Eingeborenen und die typische Kölner Mentalität, sodass Sie dieses Büchlein nicht nur sprachlich, sondern auch kulturell auf einen unvergesslichen Aufenthalt in Köln vorbereitet.

Viel Spaß beim Lernen und viel Erfolg!

INHALT

Bevor es losgeht

Lektionen 1 – 9 Neu in der Stadt

Lektionen 10 – 18 Der Kölner und seine Welt

Lektionen 19 – 24 Alltag in der Domstadt

BEVOR ES LOSGEHT

Das Allerwichtigste	
Morje	Guten Morgen
Tach	Guten Tag
Jode Naach	Gute Nacht
Tschö	Auf Wiedersehen
Wie isset?	Wie geht es Ihnen?
Jot	Danke, gut
Jot	Danke, nicht so gut
Jot	Danke, leider schlecht
Jo	Ja
Nä	Nein
Wo es dat Klo?	Wo ist die Toilette?
Links eröm	Links
Rächs eröm	Rechts
Jraaduss	Geradeaus
Dun m'r dat ens opschrieve	Bitte schreiben Sie mir das auf

Das Allerwichtigste	
Hadder …?	Haben Sie …?
Doot m'r ens …	Ich möchte …
Wat koss dat?	Was kostet das?
Waat ens	Einen Moment bitte
Loss mich en Rauh	Lassen Sie mich in Ruhe
Hüürens	Hören Sie
Lurens	Schauen Sie
Saarens	Sagen Sie
Bes do dann jeck?	Meinen Sie das ernst?
Wat?	Wie bitte?

Die Familie	
de/ming/ding Mamm	die/meine/deine Frau/Mutter
d'r/minge/dinge Papp	der/mein/dein Mann/Vater
de/ming/ding Tant	die/meine/deine Tante
d'r/minge/dinge Ühm	der/mein/dein Onkel
d'r/minge/dinge Pattühm	der/mein/dein Patenonkel
de/ming/ding Jroß	die/meine/deine Oma
d'r /minge/dinge Panz	das/mein/dein Kind
de /ming/ding Pänz	die/meine/deine Kinder

Präpositionen	
op	auf
unger	unter
nevve	neben
hinger	hinter
üvver	über

Straßen und Stadtteile in Köln	
om Nümaat	auf dem Neumarkt
em Joldene Kappes op d'r Nüßer Stroß	im »Goldenen Kappes« (Goldenen Kohl) auf der Neusser Straße
em Jözenich	im Gürzenich
op d'r Palantermannsjass	auf der Palanterstraße
op d'r Huhstroß	auf der Hohe Straße
em Henkelmännche op d'r schäl Sick	in der KölnArena auf der rechten Rheinseite
om Aldermaat	auf dem Alter Markt
en d'r Hahnepooz	in der Hahnentorburg auf dem Rudolfplatz
op d'r Fringsstroß	auf der Severinstraße
en d'r Fringspooz	in der Severinstorburg
en Müllem	in Mülheim
en Düx	in Deutz
op d'r Marienburg	in Marienburg

Oasen in Köln	
d'r Volksjade	der Volksgarten
d'r Monte Scherbelino em Beethovepark	der Schuttberg im Beethovenpark
d'r Stadtjade	der Stadtgarten
d'r Rhingpark	der Rheinpark
d'r Jrönjödel	der Grüngürtel

Lektion 1 – Eine Stadtführung

Eine der besten Möglichkeiten, die versteckten und schönsten Seiten Kölns kennen zu lernen, ist die Teilnahme an einer Stadtführung. Hierbei wird Insiderwissen auf unterhaltsame Art und Weise vermittelt, und wenn man Glück hat, ist auch der Stadtführer selbst ein echtes Kölner Original. Opjepass!

Leev Lück! Ich ben d'r Pitter us Nippes. Willkommen bei d'r Stadtführung he vun Kölle unger däm schöne Motto: Kölle wie et lääv un KLÄÄV. He op dem Heumaat steit d'r Kaiser Friedrich Willy d'r Dritte, dä jo he en Kölle ... waadens ... minge DÄTS ... ich han KOPPING. Et es jestern jet spät jewode. Noch ens von VÜRRE: He es d'r Heumaat un do hinge litt de BRAUEREI MALZMÜLL. Da jon m'r jetzt eets ens hin un fange janz langsam an.

Liebe Teilnehmer! Meine Name ist Peter und ich komme aus dem Stadtteil Nippes. Willkommen bei der Köln-Stadtführung mit dem schönen Motto: Köln wie es lebt und klebt. Hier auf dem Heumarkt sehen Sie die Statue Wilhelms des Dritten, der ja hier in Köln ... warten Sie ... mein Kopf ... ich habe fürchterliche Kopfschmerzen. Es ist gestern spät geworden. Noch einmal von vorn: Hier ist der Heumarkt und dort hinten befindet sich die Brauerei zur Malzmühle. Dort gehen wir zuerst einmal hin und fangen ganz langsam an.

Herr Pitter, sehen wir auf dem Rundgang denn auch das historische Rathaus und den kürzlich restaurierten Spanischen Bau?

Hösch Jung, dat lure m'r uns all an. Ävver eets ens bruch ich e Kölsch, söns FLUPP dat he nit. He, KÖBES dummer ens ene Kranz für die janze JECKE do un für mich e JEDECK.

Nur mit der Ruhe, junger Mann. Das werden wir alles sehen. Aber erst einmal brauche ich ein Kölsch, sonst wird das alles nicht funktionieren. Herr Ober! Bringen Sie mir bitte einen Kranz für die Herrschaften und für mich ein Bier und einen Schnaps.

Herr Pitter, handelt es sich bei diesem Brauhaus ebenfalls um ein historisches Gebäude?

Sicher dat. Do künnt ich jet verzälle ... ävver eets ens: Pros zosamme!

Aber natürlich. Da könnte ich Sachen erzählen ... aber erst einmal: Prost zusammen!

Herr Pitter, warum nennen Sie den Wirt eigentlich »Köbes«? Und warum trinken wir dieses Bier aus diesen kleinen, stangenförmigen Gläsern?

Leev Lückcher, do künnt ich üch Anekdötcher verzälle! Ävver jetz erus he, m'r han jo noch jet zo dunn. Su, he jraaduss un dann rächs erüvver, dat es he et OSTERMANNSPLÄTZJE. D'r Ostermann es en janz, janz wichtije historische Fijur vun uns Kölsche.

Liebe Teilnehmer, da könnte ich euch viel zu erzählen! Aber wir müssen jetzt gehen, wir haben noch etwas zu erledigen. So, hier geradeaus und dann rechts herüber, hier ist der Ostermannplatz. Herr Ostermann ist eine ganz, ganz wichtige Figur im Kölner Stadtleben.

Das ist aber interessant! Was können Sie uns denn über diesen Herrn Ostermann berichten?

Do jit et Saache, die jit et jar nit! Un dä Brunne he: ein Meisterwerk der Brunnenbraukunst, dä es och noh dem Ostermanns Will benannt. Un direk jäjenüvver es noch e wichtijer historisch Element: et BRAUHAUS PÄFFJEN. Un do jommer jetz eren. Köbes! Ene Kranz für die Jecke he und für mich e Jedeck!

Da gibt es Geschichten, die würden Sie nicht für möglich halten! Und dieser Brunnen hier: ein Meisterwerk der Brunnenbaukunst, welches auch nach Willi Ostermann benannt ist. Und direkt gegenüber befindet sich ein weiteres wichtiges historisches Element: das Brauhaus Päffgen. Und da gehen wir jetzt hinein. Herr Ober! Bringen Sie bitte einen Kranz für die Herrschaften und für mich ein Bier und einen Schnaps.

Herr Pidders, das Kölsch iss abber wirklich sehr legger! Abber wie sieht es denn eigentlich mit den berühmten romanischen Kirchen von Köln aus?

Romanische Kirchen? Jo, die jit et he och, un nit ze knapp. KUTT erüvver, he links es de berühmte romanische Kirch Zint Mätes.

Romanische Kirchen? Nun, die gibt es hier reichlich. Kommen Sie herüber, hier links sehen Sie die berühmte romanische Kirche Groß St. Martin.

Prima! Gehen wir dort jetzt hinein?

Nit esu flöck. Vill wichtijer sin die zwei Jestalte he: TÜNNES UN SCHÄL. Dat sin echte kölsche Orijinale, un denne kann m'r em HÄNNESJE zolure.

Nicht so schnell. Viel wichtiger sind diese beiden Gestalten: Tünnes und Schäl. Das sind echte Kölner Originale, und denen kann man im Hänneschen-Theater zuschauen.

Das ist aber interessant. Können Sie uns mehr darüber berichten? Und wann betreten wir die Kirche?

Net esu flöck, leev Lückcher. Vun däm janze VERZÄLL he han ich ene Wahnsinnsdoosch jekräje. Direk do hinge es et BRAUHAUS PETERS. Do künne m'r uns koot frisch maache, un dann jeit et wigger.
Köbes! Ene Kranz für de Jecke he und für mich e Jedeck!

Einen Augenblick bitte. Das ganze Reden hat mich durstig gemacht. Direkt dort hinten ist das Brauhaus Peters. Dort können wir uns kurz erfrischen und dann geht es sofort weiter.
Herr Ober, bringen Sie bitte einen Kranz für die Herrschaften und für mich ein Bier und einen Schnaps.

Dieses »Kölsch« mundet ja wirgglich herworragend. Aber wann sehen wir uns denn endlich den Kölner Dom an?

D'r Dom? A su, dat es jlich de Eck eröm. Üvver d'r Alder Maat, links, rächs un widder links, da steit he vür uns: d'r Dom!

Der Dom? Nun, das ist direkt um die Ecke. Über den Alter Markt, links, rechts und dann wieder links. Und da steht er vor uns: der Dom!

Ah, super! Un da drin sind die Gebeine der Heiligen Drei Könige?

Jenau. Janz hinge en d'r Eck. Kutt met, un dann zeijen ich üch de Knöchelcher.

Natürlich, sie befinden sich im hinteren Teil. Folgen Sie mir, ich werde Ihnen die Gebeine zeigen.

Eine Viertelstunde später:

Herr Pitter, was haben Sie denn? Sie wirken so komisch! Geht's Ihnen nicht gut?

Leev Lück, ich kann nit mih. De janze Kultur! Mer brummt d'r Schädel. Ich muss zom FRÖH!

Liebe Teilnehmer, ich kann nicht mehr. Diese ganze Kultur! Mir brummt der Kopf. Bringen Sie mich bitte zum Früh!

Fröh?

Et Brauhaus he nevve däm HEINZELMÄNNCHEBRUNNE. Jo he ... ich muss mich koot hinsätze.

Das Brauhaus neben dem Heinzelmännchenbrunnen. Ja hier ... ich muss mich kurz hinsetzen.

Herr Köbes! Herr Köbes! Herrn Pitter geht es nicht gut! Bringen Sie schnell einen Kranz für uns Jecken und für ihn ein Gedeck!

Wohlgemerkt	
Brauerei Malzmüll	Brauerei zur Malzmühle, Traditionsbrauhaus mit sehr leckerem Kölsch
Ostermannsplätzje	Ostermannplatz, ein kleiner Platz im Herzen der Altstadt
Brauhaus Päffje	Brauhaus Päffgen, ein weiteres Traditionsbrauhaus
Tünnes un Schäl	Tünnes und Schäl, zwei Kölner Originale, um die sich viele Witze und Anekdoten ranken
Hännesje	Traditionelles Puppentheater, benannt nach seiner Hauptfigur, dem Hännesje
Brauhaus Peters	Noch ein traditionelles Kölner Brauhaus
Fröh	Brauhaus Früh, ein weiteres traditionelles Kölner Brauhaus
Heinzelmännchebrunne	Der Heinzelmännchenbrunnen vor dem Brauhaus Früh, der das bekannte Märchen der Heinzelmännchen zu Cöllen darstellt

Vokabeln	
Klääv	eigentlich: kleben, hier: an etwas hängen. »Mir klääve am Lääve«= Wir hängen am Leben (Bläck Fööss), die »Kläävbutz« (wörtl. »Klebehose«) ist jemand, der kein Ende findet
Däts	Kopf
Kopping	Kopfschmerzen
vürre	vorn
flupp	Wenn etwas »flupp«, dann funktioniert oder gelingt es.
Köbes	Kurzform von »Jakob«. So heißt der Kellner in einem Brauhaus. Klassischerweise trägt er einen blauen Wams aus Wolle, einen blauen Rock über der Hose und hält einen Kranz in der Hand.
Jecke	Verrückte. Hier: Ortsfremde
Jedeck	Ein Kölsch und ein Schnaps in Eintracht serviert
kutt	Imperativ plural von »kumme«: kommt
Verzäll	Gerede

Lektion 2 – In der Touristeninformation

Dem Dom direkt gegenüber befinden sich die komfortablen Büros der Touristeninformation – erste Anlaufstelle für den neugierigen Besucher. Neben zahlreichen Broschüren in den Sprachen aller Herren Länder gibt es dort natürlich auch kompetente persönliche Beratung. Opjepass!

Gutel Tag! Bin ich hiel lichtig in del Toulisteninfolmation?

Op do he richtig bes, weiß ich nit, ävver in d'r Touristeninformation bes de schon.

Ob Sie hier richtig sind, kann ich Ihnen nicht sagen, aber Sie befinden sich in der Touristeninformation.

Ah, sehl intelessant. Ich blauche einel Stadtplan.

Hammer nit mih. Jit et vielleich em nächste Johr widder.

Stadtpläne sind nicht mehr vorrätig. Eventuell gibt es nächstes Jahr wieder welche.

Oh, das ist abel sehl schadel. Habel Sie vielleicht ein Übelsicht übel die ganze Stadt?

En üble Sicht? Do stellste dich an d'r Rhing un lurs noh DÜX, dat es jenoch für d'r Anfang.

Eine üble Sicht? Sie können sich an den Rhein stellen und nach Deutz hinüberschauen, das reicht für den Anfang.

Nein, ich blauche eine Übelsicht übel die ganzel Stadt.

A su es dat! Jung, JANGK he us d'r POOZ, üvver de Domplatt, en d'r Dom, rächs eröm, die paar Trappen erop, un vun do BOVVE hässte ne schöne Bleck üvver et hellije Kölle. Do mäste met dinger japanesische Fotokess e schön Foto, un esu häs de en Üvversich un die kannste en de Täsch stoppe.

Aha, ich verstehe! Mein Herr, am besten gehen Sie hier direkt aus der Tür hinaus, überqueren die Domplatte, betreten den Dom, wenden sich nach rechts, steigen die Treppe hinauf, und von dort oben haben Sie eine gute Übersicht über das heilige Köln. Dann können Sie mit Ihrem japanischen Fotoapparat ein schönes Foto machen, und schon haben Sie eine Übersicht, die Sie sich in die Tasche stecken können.

Vielen Dank! Ich bin auch sehl intelessielt an kultulelle Velanstaltungen.

Do häss de Pech. Karneval es jrad vorbei. Do möts do am ELFTE EM ELFTE widder kumme.

Da haben Sie Pech. Karneval ist gerade vorbei. Sie müssten am elften November wieder kommen.

Abel Philhalmonie und Opel?

Jung, vill Harmonie jit et he in Kölle nit, un Opel es en Rüsselsheim, un wenn do zo FOCHT wells, fährs de met d'r KVB janz erus noh MERKENICH, do kanns de dat all anlure.

Mein Herr, viel Harmonie gibt es hier in Köln nicht, und Opel ist in Rüsselsheim. Wenn Sie zu Ford wollen, fahren Sie mit dem Nahverkehrssystem der KVB bis nach Merkenich, dort kann man die Werke besichtigen.

Gut, ich melke mich.

Merkenich, Jung, Merkenich!

Merkenich, mein Herr, Merkenich!

Wohlgemerkt	
Jit et vielleich em nächste Johr widder.	Auf Aussagen dieser Art sollten Sie sich nicht allzu sehr verlassen.

Vokabeln	
Düx	Deutz, Stadtteil auf der rechten Rheinseite
jangk	Imperativ von »jon« = gehen
Pooz	Tür
bovve	oben
elfte em elfte	wörtl.: der elfte im elften. Gemeint ist der 11. November, an dem die Karnevalssession eröffnet wird und das kulturelle Leben der Stadt beginnt.
Focht	Ford, Automarke mit Sitz in Köln
Merkenich	Merkenich, Stadtteil im Norden Kölns, Sitz der Ford-Werke

Lektion 3 – In der KVB

Die rot-weißen Staßenbahnwagen und Busse der Kölner Verkehrs Betriebe AG sind elementarer Bestandteil der städtischen Infrastruktur. Es bedarf jedoch einer gewissen Erfahrung und Finesse, um mit dem öffentlichen Nahverkehr in Köln unbeschadet von A nach B zu gelangen. Opjepass!

Juten Tach! Eine Durchsage! He sprischt de Leitstell vun d'r Ka Vau Bee. Aufjrund einer täschnischen Störung im Bereisch Nümaat kann es auf den Linien 1, 2, 3, 4, 5, 6, 7, 8, 9, 10, 11, 12, 13, 14, 15, 16, 17 un 18 un och noch 19 sowie einijen Buslinien zu jeringfüjijen Unrejelmäßischkeiten em Fahrplantakt kommen. Wir bitten, dies zu entschuldijen, un wünschen allen Fahrjästen eine anjenehme Weiterfahrt.

Guten Tag! Eine Durchsage! Hier spricht die Leitstelle der Kölner Verkehrs Betriebe. Aufgrund einer technischen Störung im Bereich Neumarkt kann es auf den Linien 1, 2, 3, 4, 5, 6, 7, 8, 9, 10, 11, 12, 13, 14, 15, 16, 17 und 18 und auch 19 sowie einigen Buslinien zu geringfügigen Unregelmäßigkeiten im Fahrplantakt kommen. Wir bitten, dies zu entschuldigen, und wünschen allen Fahrgästen eine angenehme Weiterfahrt.

Anjenehme Weiterfahrt? Wat hät de dann für ne Clown jefröhstück? M'r stonn he at en Veedelstund op d'r Cäcilienstroß eröm.

Angenehme Weiterfahrt? Der Herr beliebt wohl zu scherzen. Wir stehen bereits beinahe eine Viertelstunde hier auf der Cäcilienstraße.

Jo, NIES, wenn dat nit bahl wigger jeit, KRIJ ich he EN AAP.

Nun, Agnes, wenn das nicht bald weitergeht, halte ich das nicht mehr aus.

*Lurens, do kütt och einer met esu nem KVB-*AAPEJÄCKCHE.*Jetz jeit et bestemp jlich wigger!*

Sieh einmal, dort kommt jemand mit einer KVB-Uniform. Ich vermute, jetzt wird die Fahrt gleich fortgesetzt.

Juten Tach! Fahrscheinkontrolle!

Guten Tag! Fahrscheinkontrolle!

Mer fahre doch jar nit, do Jeck. Un Standscheine jit et doch kein am Automaat.

Mein Herr, wir fahren doch gar nicht. Und am Automaten gibt es keine Standscheine.

D'r Aufenthalt he en denne Fahrzeuje es unabhängig vun eventueller Fortbewejung kostenpflichtig. Also muss ich dadrop bestonn, de Tickets zo sin.

Der Aufenthalt in unseren Fahrzeugen ist unabhängig von eventueller Fortbewegung kostenpflichtig. Also muss ich darauf bestehen, Ihre Tickets zu sehen.

Jo, es jot, junger Mann, en ahl Frau es doch keine D-Zoch. He sin se.

Nur mit der Ruhe, junger Mann, ich bin auch nicht mehr die Jüngste. Hier sind die Fahrscheine.

Ävver dat es jo Preisstufe drei C.

Aber das ist ja Preisstufe drei C.

Jo, wat weiß ich.

Ja, das ist mir bewusst.

Wo wulle Se dann hin?

Wo wollen Sie denn hin?

Noh Melote, ming Tant besöke, die es et letz Johr jesturve, dat ärm Minsch.

Zum Friedhof Melaten, um dort meine Tante zu besuchen, die letztes Jahr gestorben ist, die arme Frau.

Dat jeit ävver nit. Dat es Preisstufe B. Für noh Melote zo fahre, es dat Ticket unjültig.

Das geht nicht. Das ist Preisstufe B. Für diese Fahrt ist das Ticket ungültig.

WIE, UNJÜLTIG?

Was meinen Sie damit?

Mit Preisstufe drei C müsse Se bis noh Wesseling oder Bröhl. Ävver nit noh Melote, dat es vill zo noh. Dat weed düür: veezich EUROS.	Mit Preisstufe drei C müssen Sie bis nach Wesseling oder Brühl fahren. Aber nicht nach Melaten, das ist viel zu nah. Das wird teuer: vierzig Euro.

Wohlgemerkt	
Wie, unjültig?	Wenn Sie etwas nicht verstehen oder mit etwas nicht einverstanden sind, wiederholen Sie das Gesagte einfach unter vorheriger Verwendung des Wörtchens »wie«.
Euros	In Köln hat man sich entschieden, der neuen Währung im Plural ein »s« anzuhängen.

Vokabeln	
Nies	Agnes
en Aap kreje	wörtl.: einen Affen kriegen: verzweifeln, ungehalten werden
Aapejäckche	alberne Kleidung, hier: Uniform

Lektion 4 – Im Taxi

An ein Taxi kommt man in Köln relativ leicht – außer an Karneval und an den Samstagen davor, weil da Karnevalssitzungen stattfinden. Das Taxi ist eine gute Gelegenheit, die erworbenen Kölschkenntnisse auszuprobieren. Opjepass!

Tach, zum MILLOWITSCH op d'r Öcher Stroß, bitte.

Guten Tag. Ich möchte bitte ins Millowitsch-Theater auf der Aachener Straße.

Wo sein Millosewitsch?

Kenne ich nicht. Wo soll sich Milošević aufhalten?

Nit Millosowitsch, dä hät doch nix domit zo donn. Millowitsch, unsere Willy. Ich well in dem sing Thiater.

Nicht Milošević, der hat damit nichts zu tun. Willy Millowitsch. Ich will in sein Theater.

Aber Willy isse schon lange tot, ne?

Aber Herr Millowitsch ist schon tot, oder?

Dat stemp, dä spillt jetz em Himmel. Ävver fröher es dä Willy immer esu schön mem RUSEMONDAACHSZOCH metjejange, ich han immer esu SIMULEET, dat dä ens op dem Ware stirv. Esu ne schöne Dud! Dann hätte m'r singe Kopp noch jet huhjehalde un kei Minsch hät jet jemerk! Dat wör et doch jewäs für d'r Willy. Ävver man kann sich ja nit ussöke, wann un wo me stirv.	Das stimmt, er spielt jetzt im Himmel. Aber früher hat Willy Millowitsch immer so begeistert am Rosenmontagszug in Köln teilgenommen. Ich habe mir immer vorgestellt, dass ihn auf dem Wagen das Zeitliche segnet. Dann hätte ihn jemand gestützt, und es wäre niemandem aufgefallen. Das hätte zu Herrn Millowitsch gepasst. Aber man kann sich ja nicht aussuchen, wo und wann man stirbt.
So, jetzt sind wir in der Öcher Stroß.	*So, jetzt sind wir in der Aachener Straße.*
Jot, danke. Waden Se, ich han noch d'r Schirm em Kofferraum. Nit dat Se mit dem ahle SCHIRF noch lossfahre. So, jetz ävver. Tschö!	Vielen Dank. Einen Moment, ich hab noch meinen Regenschirm im Kofferraum. Nicht, dass Sie mit dem alten Stück losfahren. So, jetzt aber. Tschüss!

Wohlgemerkt	
Millowitsch, Willy	Auch außerhalb von Köln bekannter Volksschauspieler mit eigenem Theater auf der Aachener Straße, das seit Willys Tod von Sohn Peter geleitet wird.
Rusemondaachszoch	Umzug am Rosenmontag, s.a. Karneval

Vokabeln	
simuleet, simuleere	sich vorstellen, ausmalen
Schirf	altes, aber noch einigermaßen funktionstüchtiges Teil

Lektion 5 – In der Wirtschaft

In Köln gehört der Besuch eines Brauhauses zum Alltag. Aber gerade in diesem scheinbar jovial-freizügigen Umfeld lauert so manches Fettnäpfchen auf den ortsfremden Besucher. Also: Opjepass!

GUTEN TAG, ICH HÄTTE GERNE EIN ALT.

Wat sähs de do? Wat bes do denn für eine?	Was sagen Sie da? Wo kommen Sie bloß her?
Verzeihung, ich würde gerne ein Altbier bestellen.	
He häs do e Kölsch, loss et ston, dann weed et vun allein alt.	Probieren Sie doch stattdessen unsere obergärige Regionalspezialität. Wenn Sie die stehen lassen, wird sie von alleine alt.
Vorzüglich! Dann nehme ich noch einen halben Hahn dazu.	

He, d'r halven Hahn. Knackijes Röggelche, en decke Schief ahle Kies un d'r jode MOSTERT us d'r Eifel.	Bitte sehr, Ihr halber Hahn. Ein knackiges Roggenmehldoppelbrötchen, eine dicke Scheibe reifer Käse und der gute Senf aus der Eifel.
Nein, es muss eine Verwechslung vorliegen. Ich hatte einen »halben Hahn« bestellt und kein Käsebrötchen.	
Jung, esu langsam mäste mich RADERDOLL. He en Kölle es dat ene halve Hahn, un wenn d'r dat nit pass, dann fahr doch noh Düsseldorf, ävver hür op, he esu ERÖMZEKAMELLE, du LUUSCHHÖHNCHE.	Mein Herr, Sie strapazieren meine Geduld. Hier in Köln ist das ein halber Hahn, und wenn Ihnen das nicht passt, dann fahren Sie nach Düsseldorf, aber hören Sie bitte mit Ihren Beschwerden auf, Sie eigennütziger Leisetreter.
Oh, Verzeihung. Einen Moment, bitte! Ich habe doch gar kein zweites Bier bestellt!	
Drink et us, dann es et fott.	Tun Sie mir doch bitte den Gefallen und trinken Sie es aus.
Mmmh, lecker. Ich glaube, ich nehme sogar noch eins.	
Sieste! Woröm dann nit direck esu?	Na also! Warum denn nicht gleich so?

Wohlgemerkt	
Ich hätte gerne ein Alt.	Versuchen Sie, Bestellungen von Altbier in Kölner Wirtschaften zu vermeiden.

Vokabeln	
Mostert	Senf
raderdoll	hier: äußerst ungehalten
erömkamelle	Unsinn reden
Luuschhöhnche	Person mit schwer nachvollziehbaren Vorstellungen

Lektion 6 – Im Tanzlokal

Nach dem Besuch eines Brauhauses ergibt es sich oft, dass das Tanzbein geschwungen werden will. Dazu gibt es in Köln mannigfaltige Möglichkeiten. Gewöhnungsbedürftig ist für Besucher und Zugereiste jedoch oft die direkte Art der Ansprache, die in den Tanzlokalen Usus ist. Opjepass!

Na, do lecker RADIESJE, wat mäs do dann he?	Hallo, attraktive junge Dame, was machen Sie denn hier?
Hä?	*Wie bitte?*
Wat do he mäs!!!	Ich wollte mich nur erkundigen, was Sie hier so machen!!!
Ich ben he am Danze, dat sühs do doch. Un wat mäs do he?	*Ich tanze gerade, das sieht man doch. Und was machen Sie hier?*
Ich bin e Kölsch am drinke. Willste och jet?	Ich trinke hier gerade ein obergäriges Bier. Wollen Sie auch ein Getränk?
Jo, es jot. Dun m'r ene DRECKSACK.	*Na gut. Ich nehme ein Bier mit Cola.*
Drecksack? Dat kammer doch keinem ESEL EN ET UHR SCHÖDDE.	Bier mit Cola? Das ist doch nahezu ungenießbar.
Jot, dann dummer ene KABÄNES.	*In Ordnung, dann bestellen Sie mir doch einen kräuterbetonten Likör aus Brühl, junger Mann.*
He. Prostata.	Bitte sehr. Wohl bekomm's.
Op Ex!	*Huch, das Glas ist ja schon leer.*
Un nu, MÖCKEFÖTTCHE?	Und nun, schönes Fräulein?
Loss m'r noch jet zo mir jon.	*Wir könnten ja noch zu mir gehen.*
Es jot, LOSS JÖCKE.	In Ordnung, verlassen wir dieses Etablissement.

Vokabeln	
Radiesje	wörtl.: Radieschen, hier: attraktive junge Dame
Drecksack	Bier mit Cola. Kölner Wirte schenken diese Mixtur äußerst ungern aus (falls überhaupt).
Esel net en et Uhr schödde	Einem Esel nicht ins Ohr schütten. Bezieht sich auf flüssige Lebensmittel, deren Verzehr unvorstellbar erscheint.
Kabänes	ein kräuterbetonter Likör aus Brühl
Möckeföttche	wörtlich: Mückenpopöchen, hier: heiße Biene
loss jöcke	wörtl.: Lass juckens, hier: Los geht's

Lektion 7 – Im Bett

Der Kölner ist für seine impulsive und sanguinische Lebensart bekannt. Natürlich trifft das auch auf sein Liebesleben zu. Wagen wir einen Blick unter die Daunendecken der Domstadt. Opjepass!

Ah, Billa, do wilde Handfejer, do mäs mich raderdoll!	Oh, Sybille, du feuriges Wesen, du machst mich ganz verrückt!
Do mich och, Manni, sühs do nit, dat ich he at op d'r Kant lijje?	*Du mich auch, Manfred, siehst du nicht, dass ich hier auf der Kante liege?*
Uh, Billa, wenn do am schänge bes, törnt mich dat esu an. Loss m'r jet schmuse!	Uh, Sybille, du charakterstarke Frau, es erregt mich sehr, wenn du zeterst. Lass uns ein wenig kuscheln!
Na jot Leevje, kumm erüvver, ävver pass op minge Kopp op. Ich wor hück morje beim Detlev em Frisörjeschäff, dä hät mer en Dauerwell jemaat.	*Na gut, du zuwendungsbedürftiger Mensch, komm her, aber gib auf meine Frisur Acht. Ich war heute Morgen noch im Friseursalon »Detlev«, wo ich mir eine Dauerwelle legen ließ.*

Met denne paar Hörche ungerm Ärmche?	Mit dem spärlichen Haar unter dem Arm?
Pass op, wat do sähs, SCHMAL. *Söns deis do hück naach om* SCHÄSELONG *schlofe.*	*Gib Acht auf deine Worte. Sonst könnte es sein, dass du heute Nacht auf dem Sofa schlafen musst.*
Leevje, bes nit esu. Kumm her, loss m'r de Feddere kraache losse.	Liebling, sei doch nicht so. Komm einmal her, lass uns die Federn krachen lassen.
Pass op, dat dat ahle Bettjestell nit janz usenander fällt ...	*Gib darauf Acht, dass das Bettgestell nicht vollends auseinander fällt ...*
Ah, Billa, dat es jot ... dat rock af ...	Ah, Sybille, das ist gut ... das bereitet Vergnügen ... das bringt Schwung ...
Waadens, de LÜMMELTÜT. *Manni? Wat es loss?*	*Warte, das Kondom. Manfred? Was ist geschehen?*
Ich .. ich ... ich ... ANNEMIE ICH KANN NIT MIH.	Ich ... ich ... ich ... Annemarie, ich kann nicht mehr.
Mät nix, KÜSSTE HÜCK NIT, KÜSSTE MORJE.	*Macht doch nichts, morgen ist auch noch ein Tag.*

Vokabeln

Kopp	Kopf, hier: Frisur
Schmal	wörtl.: Schlanker, oft bei der Anrede von männlichen Personen verwendet. wertneutral
Schäselong	hier verwendet für: Sofa
Lümmeltüt	Kondom
Annemie, ich kann nit mih	Annemarie, ich kann nicht mehr. Annemarie dient nur der Reimbildung, der Name der angesprochenen Person kann davon durchaus abweichen.
küsste hück nit, küsste morje.	Kölner Lebensweisheit: kommst du heute nicht, kommst du morgen, Ausdruck des rheinischen Stoizismus

Lektion 8 – Ein Bewerbungsgespräch

Auf dem hart umkämpften Kölner Arbeitsmarkt behaupten sich nur die kreativsten und motiviertesten Bewerber. Aber mit der richtigen Einstellung werden Sie bestimmt Erfolge verbuchen. Opjepass!

Un, Jung? Wat häs de dann esu drop?	Nun, junger Mann? Wo liegen Ihre besonderen Qualifikationen?
Ich kann jar nix, ävver dat kann ich jot.	*Meine Kompetenzen sind breit gefächert.*
Häs de dann JET EN DE MAUE, do LABBES?	Sind Sie für körperliche Arbeit geeignet?
Normaal. Ich jon rejelmäßich en de MUCKIBUD.	*Selbstverständlich. Ich trainiere täglich in einem Fitnessstudio.*
Jo, dat kannste d'r dann spare. Wenn et jot für dich läuf, küsste noh d'r Arbeit jrad noch esu om Zahnfleisch noh Huss.	Nun, das können Sie sich in Zukunft sparen. Wenn es gut für Sie läuft, können Sie nach der Arbeit gerade noch auf dem Zahnfleisch nach Hause kriechen.
Wiesu dat dann?	*Was wollen Sie damit andeuten?*
Jo denks do, esu en Tiefjarasch baut sich vun selvs? Die baus do janz allein!	Denken Sie vielleicht, dass eine Tiefgarage sich von alleine baut? Die werden Sie ganz alleine bauen!
Wie, janz allein? Un wo sin de Jeselle?	*Tatsächlich ganz alleine? Und wo sind die Gesellen?*
Die hammer fottrationaliseet. Un dä Ress vun d'r Mannschaff verwaltet et Personal.	Die wurden wegrationalisiert. Und das restliche Team verwaltet das Personal.
Nä, en Tiefjaraasch janz allein baue, dat is nix für mich. Wat zo vill es, es zo vill. Hadder dann nix anderes?	*Nun, ich weiß nicht, ob der Bau einer Tiefgarage im Alleingang meine Kompetenzen nicht doch überschreitet. Gibt es keine anderen Betätigungsfelder?*

Do künnt et noch jet jevve. Wie es et mem MAGGELE?

Eventuell könnte es schon etwas geben. Wir betätigen uns im Im- und Exportgeschäft sowie im Baugewerbe, wobei uns politische Kontakte oft zugute kommen. Haben Sie in diesem Geschäftsbereich bereits Erfahrungen sammeln können?

Ich han als PANZ *schon jeklüngelt.*

Das ist bereits von Kindesbeinen an meine Spezialität.

Do bes enjestallt. Do kannst d'r direk dä BLAUMANN antrecke.

Gut, Sie sind eingestellt. Sie können sofort die Arbeitskleidung anziehen.

Vokabeln	
jet en de Maue han	körperliche Stärke besitzen
Labbes	junger Mann von eher schmächtiger Gestalt
Muckibud	Fitnessstudio
maggele	Geschäfte auf typische Kölner Art und Weise erledigen
Panz	Kind
Blaumann	Arbeitsoverall

Lektion 9 – Eine Wohnungsbesichtigung

Der Kölner Wohnungsmarkt gehört zu den angespanntesten Deutschlands. Deshalb sind bei der Wohnungssuche Beharrlichkeit, Flexibilität und der richtige Riecher gefragt. Opjepass!

Tach, ich ben wäjen d'r Wunnung he.

Guten Tag, ich bin wegen der Wohnung hier.

Jo, juten Tach, kommen Se rein. Opjepass he met däm Estrich, dä es noch feuch. Su, maachen Se et sich hier mal e bissje jemötlich he op däm Höckerchen.

Ja, guten Tag, kommen Sie herein. Geben Sie auf den Estrich Acht, der ist noch feucht. Versuchen Sie, es sich dort auf dem Hocker bequem zu machen.

Un dat es de Kösch?

Und das hier ist die Küche?

Enä, dat es et Wohnzimmer. Do kütt noch ene Teppich eren, un dann süht dat janz jemötlich us.

Nein, das ist das Wohnzimmer. Hier wird noch ein Teppich verlegt, und dann sieht das ganz wohnlich aus.

Wo es dann de Kösch?

Wo ist denn die Küche?

Nit wick. He üvver d'r Flur, de Trepp eraf un dann de zweite Pooz links, do wonnt die ahl Frau Schmitz, do steit en Mikrowell einzich un allein für Sie. Frau Schmitz es immer doheim un künnt für üch och koche und met üch jet de Schnüss schwade.

Nicht weit. Sie überqueren den Flur hier, steigen die Treppe herunter und nehmen die zweite Tür links, dort wohnt die Rentnerin Frau Schmitz, bei der eine Mikrowelle exklusiv für Sie bereit steht. Frau Schmitz ist immer zu Hause, sie kann Ihnen dann beim Kochen helfen, und Sie können sich angeregt mit ihr unterhalten.

Mmh. Asu. Frau Schmitz. Dat es ävver schon jet unjewöhnlich, ne?

Mmh, ach so. Frau Schmitz. Das ist aber schon etwas ungewöhnlich.

Wenn se mich frore: he unge op d'r Eck es de Weetschaff »Zom Treppche«, die han jeden Daach frische FRIKADELLCHER *für nur fünf Euros achzich, in su 'ner Laach bruch m'r doch kein Kösch!*

Wenn Sie mich fragen: Hier unten an der Straßenecke befindet sich die Wirtschaft »Zum Treppchen«, die bereiten jeden Tag frische Frikadellen für nur fünf Euro achtzig zu, in so einer Wohnlage benötigt man doch keine Küche!

Un et Badezimmer?

Wie sieht es denn mit den sanitären Einrichtungen aus?

Jo, he hinger däm Brett do es e Wäschbecke en d'r Eck. Un wenn Se dä Durchlauferhitzer janz opdrihe, es et Wasser och QUASI *wärm.*

Hinter jenem Verschlag dort befindet sich ein Waschbecken in der Ecke. Wenn Sie den Durchlauferhitzer auf höchste Heizkraft stellen, wird das Wasser auch lauwarm.

Wo Se m'r jrad jet vum Durchlauferhitzer verzälle: Es dat he Etagen- oder Zentralheizung?

Apropos Durchlauferhitzer: Befindet sich in dieser Wohnung eine Etagen- oder eine Zentralheizung?

Jo, zentral natürlich! De Briketts lije janz zentral em Keller. Un et sin jo och nur fünf Etage bes unge, dat es jo su jot wie jar nix. Un Se sparen sich et Fitnessprogramm.

Es handelt sich selbstverständlich um eine Zentralheizung! Die Briketts liegen ganz zentral im Keller. Und es sind nur fünf Etagen, also so gut wie Parterre. Und Sie sparen sich die Kosten für ein Fitnessstudio.

Nä, also ich weiß et nit ...

Nun, ich bin noch nicht ganz überzeugt ...

Ävver Se han dat Beste noch jar nit jesin! He, kummen Se ens her, met dem linke Foß op et Wäschbecke drop, he met d'r rächte Hand en dä praktische Ress en d'r Wand, d'r rächte Fooss janz entspannt üvver et Finsterbrett hänge losse, ävver opjepass, dat waggelt, un janz HÖSCH *huhtrecke.*

Aber das Beste haben Sie noch gar nicht gesehen! Kommen Sie einmal her, stellen Sie sich mit dem linken Fuß auf das Waschbecken, greifen Sie mit der rechten Hand in diese praktische Fuge, lassen Sie den rechten Fuß ganz entspannt über das Fensterbrett baumeln, aber mit Vorsicht, denn es wackelt, und dann ziehen Sie sich ganz langsam hoch.

Jo, ich versök et. Nä, do es jo noch e Loch en d'r Wand!

Gut, ich versuche es. Nein, da ist ja ein Loch in der Wand!

Jenau. Dat es jo dat Spezielle. LUREN *Se do ens durch!*

Genau. Das ist ja gerade das Besondere. Schauen Sie da einmal durch!

Un wat es do? Ich sin nur en Baustell.

Und was soll da zu sehen sein? Ich sehe nur eine Baustelle.

De Baustell denke m'r uns ens fott, die es jo dann en zehn Johr nit mih do, ävver hinger d'r Baustell, do es et Finster vum Nohberhuus.	*Die Baustelle denken wir uns einmal weg, die ist ja schon in zehn Jahren nicht mehr da, aber hinter der Baustelle befindet sich das Fenster des Nachbarhauses.*
Ja, un?	Was wollen Sie mir damit sagen?
Morjens öm halver nüng, wenn et Sönnche schingk, dann spejelt sich en däm Finster de linke Spetz vum Dom!	*Morgens um halb neun, aber nur, wenn die Sonne scheint, dann spiegelt sich in dem Fenster die linke Spitze des Doms!*
Nä! Dat jit et doch janit! En WUNNUNG MET DOMBLICK!	Nein! Das gibt es doch gar nicht! Eine Wohnung mit Domblick!
Ja, es klar, dat dat jet koss.	*Es versteht sich von selbst, dass das einen hohen Preis rechtfertigt.*
Un wie sieht et us he em VEEDEL? Jit et jode Schoppingmöschlisch-keite? Un en Schull für de Pänz? Un Parkplätz?	Und wie sieht es hier im Stadtviertel aus? Gibt es gute Einkaufsmöglichkeiten? Und eine Schule für die Kinder? Und Parkplätze?
Secher dat. He vür d'r Dür fährt af un zo de Linie 5 vürbei, wenn Se do ensteije un bes zur Endstation fahre, do weed jrad e wunderschön neu Inkaufszentrum met intejrierter Jesammtscholl un Tiefjarasch jebaut. Dat es och en e paar Jöhrcher fäädich. Dat Veedel he es en Topadress, dat es richtichjehend anjesaat. Luren Se doch die janze jung Lück he! Dat es he e Szeneveedel. Met e paar Brocke Türkisch sin Se he EM RUBBEDIDUPP intejriert. He sin de Schlössel …	*Aber natürlich, das ist alles vorhanden. Hier vor der Tür fährt in regelmäßigen Abständen die Linie 5 vorbei, wenn Sie mit dieser Bahn bis zur Endhaltestelle fahren, gelangen Sie zu einem wunderschönen neuen Einkaufszentrum, das dort gerade gebaut wird, mit integrierter Gesamtschule und Tiefgarage. Das müsste auch in ein paar Jahren fertig sein. Dieser Stadtbezirk hier ist eine Top-Adresse, er ist richtiggehend angesagt. Betrachten Sie nur einmal die ganzen jungen Leute! Es handelt sich um ein richtiges Szeneviertel. Mit ein paar Brocken Türkisch sind Sie im Nu integriert. Hier sind die Schlüssel …*

Wohlgemerkt

Wohnungen mit Domblick gehören zu den gefragtesten Objekten auf dem Markt. Wenn Sie eine solche Wohnung ergattern können, schlagen Sie zu!

Vokabeln	
Frikadellcher	Frikadellen
quasi	eigentlich, so gut wie (meistens also gar nicht)
hösch	langsam, vorsichtig
lure	schauen
Veedel	Stadtviertel
em Rubbedidupp	unverzüglich, im Nu

Lektion 10 – Das Wetter

Das Wetter in Köln ist schlechter als sein Ruf. Stimmt: Heiß wird es selten, eher schon schwül-heiß. Und Schnee sieht man auch so gut wie nie. Das liegt an der Köln-Bonner-Bucht und der Tiefebene jenseits der Eifeler Plattentektonik, wie jedes Kind schon in der Grundschule lernt. Opjepass!

Et es am räne.	Es regnet.
Jetz es et am schödde.	*Jetzt gießt es.*
Dat hööt jlich widder op. Noh Rän kütt Sonnesching.	Das hört gleich wieder auf. Auf Regen folgt Sonnenschein.
Do häs de Räch. Jetz weed et heiß. Dat Sönnche es am brenne! Do musste dich jot ENKLÄTSCHE, *söns verbrenns de.*	*Da hast du Recht. Mensch, jetzt wird es heiß. Die Sonne brennt. Du musst dich gut eincremen, sonst riskierst Du einen Sonnenbrand.*
Och lur ens, do sin at widder Wolke. Dat jit hück nix met Jrille.	Schau mal, da sind schon wieder Wolken. Das gibt heute nichts mit dem Grillen.

Quatsch! Die blös d'r Windfott. Siste, do schingk et Sönnche at widder.	*Blödsinn! Die bläst der Wind weg. Siehst du, jetzt scheint die Sonne wieder.*
Ävver nit lang! Jetz fängk et an zo dröppele. Un jetz weed et mih. Häs de ene Schirm?	Aber nicht lange. Jetzt fängt es an zu tropfen. Und jetzt wird es stärker. Hast du einen Schirm?
Nä, ävver mir sin jo nit us Zucker.	*Nein, aber wir sind ja nicht aus Zucker.*
Dat weed jetz ävver kalt! Ich krije ieskaale Föß. Un ming Zäng sin am klappere.	Das wird jetzt aber kalt! Ich bekomme eiskalte Füße. Und mir klappern die Zähne.
Pass op, nit dat de d'r PEPS *kress.*	*Pass auf, dass du dich nicht erkältest.*
Ich jon noh Huss un dun at ens STOCHE! Do kanns jo de Wööschjer en d'r Pann brode, ich jonn hück nit mih en d'r Jade. Dat es ene Sommer! Jar nix es dat.	Ich gehe nach Hause und fange schon mal an zu heizen. Du kannst die Würstchen ja in der Pfanne braten, ich gehe heute nicht mehr in den Garten. Das ist ein Sommer! Nichts ist das!
Denk an de ärm Blömcher! Die sin fruh üvver dä Rän.	*Denk an die armen Blümchen. Die sind froh über den Regen.*
Do häs Räch, esu lang et nit schneit!	Du hast Recht, solange es nicht schneit …

Vokabeln	
enklätsche	eincremen, aber richtig gründlich
Peps	Erkältung
stoche	heizen

Lektion 11 – Auf dem Spielplatz

Der ideale Ort, um wirklich kreatives Kölsch zu hören. Opjepass!

JACKELINE, jangk jet op de Schöckel, ich will e Zirettche rauche. Ävver halt dich fass, nit dat de m'r erunder fälls!	Jacqueline, geh ein wenig auf die Schaukel, ich möchte eine Zigarette rauchen. Aber halt dich fest, damit du nicht runter fällst!
Mamm, ich kann dat!	*Mama, ich kann das!*
Mach flöck, de Rötschbahn es jetz frei! Un de Wipp och!	Beeil dich, die Rutsche ist gerade frei. Und die Wippe auch!
Ich will ävver jet em Sand buddele!	*Ich möchte aber lieber im Sand buddeln!*
Jot, ävver pass op, dat de d'r nit et BÖTZJE dreckich mäs. Ich ben at dä janze Daach am wäsche!	Einverstanden, aber pass auf, dass du dir die Hose nicht schmutzig machst. Ich wasche ohnehin schon den ganzen Tag.

Mamm, dä Jung hät m'r jrad mi Förmche afjenomme.	*Mama, der Junge dort hat mir gerade mein Plastikförmchen weggenommen.*
Wehr dich! Nemm et Schöppche un wehr dich! Jackeline, hür op zo KNATSCHE, dat jeit m'r op de Nerve! Kann ich noch nit ens en Rauh he e FIPPCHE rauche? Herrjott noch ens! He, Ihre Klein hät mingem Jackeline dat jäle Förmsche afjenomme! Jetz maachen Se doch ens jet!	Wehr dich! Nimm die Schaufel und wehr dich! Jacqueline, hör auf zu weinen, das geht mir auf die Nerven. Kann man hier noch nicht mal in Ruhe eine Zigarette rauchen? Verdammt noch mal! Hey, Ihr Kleiner hat meiner Jaqueline ein gelbes Förmchen abgenommen. Unternehmen Sie was!
Ihr künnt mich ens!	*Sie können mich mal.*
Jackeline, dat weet m'r he zo jeck, ich han kein Loss mih. Mer jon. Pack ding Saache zosamme, jlich kütt d'r Papp no Huss, maach ens vüraan.	Jacqueline, das wird mir hier zu bunt, ich habe keine Lust mehr. Wir gehen. Pack deine Sachen ein, gleich kommt dein Vater nach Hause, beeil dich.

Wohlgemerkt

Jackeline	Der Kölner gibt seinen Kindern, vor allem den Töchtern, gerne französische Namen, die er dann kölsch ausspricht. Nikoll, Schanett, Mischell, Dänies. Der weibliche Artikel ist immer: dat. Also falsch: die Michelle. Richtig: dat Mischell. Das männliche Pendant ist dä. Wie in »dä Marssell«. Die Tradition geht auf die Franzosenbesetzung zurück (1784 – 1814), als Kölner Frauen ihren Kindern französische Vornamen gaben, um einen Hinweis auf die Väter zu geben.

Vokabeln

Botz, hier: Bötzje	Hose, hier: Höschen, nicht zu verwechseln mit Bützje = Küsschen
knatsche	greinen
Fippche	Zigarette

Lektion 12 – Am Telefon

Der Kölner liebt Floskeln, denn sie geben ihm Zeit, seine Gedanken zu sortieren. Außerdem kann man so »schwade«, also erzählen, ohne tatsächlich was zu sagen. Opjepass!

Ja, hier bei Schmitz?	Hier Schmitz.
Juten Tach, ich ben et, d'r Jürjen. Künnt ich ens dä Hermann han?	*Guten Tag, hier spricht Jürgen. Kann ich bitte Hermann sprechen?*
Waat ens, ich rof en ens. Hermann! Telefon!	Einen Moment, bitte! Hermann, Telefon für dich!
Tach Hermann. Wie es et?	*Guten Tag, Hermann. Wie geht es dir?*
Jot. Un dir?	Gut. Und dir?
Och jot. Un wat mäste esu?	*Ebenfalls gut. Was machst du gerade?*
M'r sin jrad am esse. Wat häs de dann?	Wir essen gerade. Warum möchtest du mich sprechen?
Wat jit et dann?	*Was gibt es denn Schönes?*
Pannekooche.	Pfannkuchen.
Un? Schmeck et?	*Munden dir die Pfannkuchen?*
Jot, ja.	Sie sind hervorragend.
Met Speck?	*Mit gebratenem Speck?*
Nä, met sure Keesche.	Nein, mit Sauerkirschen.
Zo Meddach?	*Ist das denn eine richtige Mahlzeit?*
Jo, woröm dann nit?	Ich halte ein solches Mahl für vollkommen ausreichend.
Do wööt ich ävver nit satt vun.	*Das würde mich nicht sättigen.*
Jo, do bes jo och ene FRESSKLÖTSCH.	Deine Gier ist ja auch stadtbekannt.
Bes nit esu frech.	*Ich verbitte mir solche Unterstellungen.*

Do weiß doch, wer et säät. Jetz mach vüran, dä Kooche weed kalt.	War nicht ernst gemeint. Könntest du vielleicht zum Punkt kommen, ich würde gerne weiteressen.
Wat wullt ich noch ens?	*Was wollte ich eigentlich?*
Dat weiß ich doch net!	Wie soll ich das wissen?
Och, ich wollt ens hüre, wie et es!	*Ach, ich wollte nur hören, wie es euch so geht!*
M'r jeit et jot. Un selvs?	Mir geht es gut. Und dir?
Och jot. Wat maat er dann am Sonndaach? Hatt er Loss, en de EIFEL *zo fahre?*	*Mir geht es auch gut. Habt ihr am Sonntag schon was vor? Wenn nicht, möchtet ihr mit uns in die Eifel fahren?*
Helja! Wat maache m'r am Sonndaach? Dä Jürjen well wesse, op m'r met en de Eifel fahre. (Ja, es jot.) Dat Helja sät, et wör jot. Wann dann?	Na endlich! Helga, wie sind unsere Pläne für Sonntag? Jürgen schlägt vor, gemeinsam in die Eifel zu fahren … Helga ist begeistert. Wann wäre die Abfahrt?
M'r es dat ejal.	*Wir richten uns ganz nach euch.*
Jetz sach at, ming Pannkooche weed kalt.	Nein, wir richten uns nach euch.
Jo, dann kummer m'r öm zehn un holle üch af. Un dä Daggel künnt er metnemme.	*Dann schlag ich vor, dass wir euch um zehn Uhr abholen. Und den Rauhhaardackel könnt ihr mitnehmen.*
Dat es jot Jürjen, ich weiß söns nit wohin met dem MÖPP. Bes Sonndaach. Tschö Jürjen.	Das freut mich, denn es ist schwer, einen Hund unterzubringen. Bis Sonntag. Auf Wiederhören, Jürgen.
Tschö Hermann. Tschö. Jo Tschö. Tschö.	*Auf Wiederhören, Hermann.*
Tschö.	Auf Wiederhören.

Wohlgemerkt	
Eifel	Landstrich südwestlich von Köln. Eigentlich zu groß, um als Ziel zu gelten, deshalb versteht jeder unter Eifel etwas anderes. Viele Eifeler wohnen in Köln, weil das die nächstgelegene und natürlich schönste Großstadt ist.

Vokabeln	
Fressklötsch	verfressene Person
Möpp	Köter

Lektion 13 – Beim Kegeln

Freizeitvergnügen, das ein bisschen unmodern geworden ist. Aber Moden ändern sich, und so wird Kegeln sicher irgendwann wieder völlig hip … Deshalb: Opjepass!

Dat hammer jetz dovun. Weihnachtskäjele met Fraulück. DAT ES D'R JET.

Das sind wir selbst schuld. Kegeln zu Weihnachten mit Ehefrauen. So was!

Weißte, ich verstonn dat nit. Dä Käjelverein »Bütz de KLÖTZ*« es doch ohne Frauminsche. Ävver wenn m'r no* KÜNNINGSWINTER *op Tour jon, sin die met dobei. Un hück och. Wä hät sich dat eijentlich usjedaach?*

Weißt du, ich versteh das nicht. Der Kegelverein »Küss die Kegel« ist doch ein reiner Männerverein. Aber wenn wir einen Ausflug nach Königswinter machen, sind die mit von der Partie, und heute auch. Wer hat das eigentlich ersonnen?

Dat weiß m'r nit. Kumm, do bes draan. Dat jit et doch nit. M'r kumme vur lutter Schwade nit zom Käjele. Die Wiever schwade immer wigger!

Das weiß keiner. Du bist dran. Wir kommen vor lauter Schwatzen gar nicht zum Kegeln. Die Frauen schwatzen ohne Unterlass.

Wo jeit et dann dröm?

Worum geht es denn?

Buure stonn losse oder en de Volle.

Bauern stehen lassen oder in die Vollen (Formationskegeln).

Jot. Un loss!

Los geht's.

Mensch, do Doof, jetz häs de en de Kall jeschmesse.

Mensch, du Dummkopf, jetzt hast du die Gasse getroffen.

Dat wor et Roswitha, dat hät mich jeschubs.

Das ist Roswitha schuld, die hat mich geschubst.

Ejal, dat koss en Rund! Köbes! En Rund he op dä Ahl.

Egal, das kostet eine Runde. Herr Ober! Eine Runde auf den Alten.

Ävver nur Kölsch, kein Jedeck.

Aber nur Kölsch, keine Schnäpse dazu.

Es jot, do ahle KNIESBÜGGEL. Un jetz bütz de Klötz.

In Ordnung, du Geizhals. Und jetzt küss die Kegel.

Wohlgemerkt	
Künningswinter	Stadt im Siebengebirge und Ziel vieler Vereine. In Königswinter gibt es noch immer Tanzlokale, und an sommerlichen Feiertagen ist die Stadt mit Touristen so vollgestopft wie die Hohe Straße kurz vor Weihnachten.

Vokabeln	
Dat es d'r jet	wörtl.: Das ist dir was, meint: So was!
Klotz, pl. Klötz	Kegel
Kniesbüggel	Geizhals

Lektion 14 – Beim Fußball

Ohne kölsche Lieder geht beim FC gar nichts. Mit leider oft auch nichts. Dennoch: Opjepass!

Nä, also dat es he e schön STADION ne, dat han die ävver schön jemaat. Jetz mööt DÄ FC ävver och ens widder opsteije.

Mensch, ist das ein schönes Stadion, das haben die gut gemacht. Jetzt müsste der FC auch wieder in die Erste Liga.

Dat schaffe die och, dat saach ich d'r. Lurens, die PUUTE, *dat es jo ene* STUSS *he mit denne Schierlieders, wat sull dat üvverhaup.* »IHREFELD, RADERTHAL, NIPPES, POLL, ESCH, PESCH UN KALK, *üvverall jit et Fans vum FC Kölle.*«

Das schaffen die auch, das sage ich dir. Schau mal, die Hühner, das ist ja ein Blödsinn mit den Cheerleadern, was soll das überhaupt. (Fangesang: Lied der »Höhner«)

Jetz bes ens still, et fängk an. Wat määt dä dann do? »Steht auf, wenn ihr Kölner seid ...«

Sei still, es fängt an. Was macht der denn da? (Fangesang)

Jetz lur d'r dat an. Dä moot drin sin! Dä mööten se direk vum Platz nemme. »M'R LOSSE UNS NIT DRAN FUMMELE, M'R LOSSE KEINER DRAAN.«	*Jetzt guck dir das mal an! Der (Ball) musste doch drin sein! Den (Spieler) müsste man direkt vom Platz nehmen. (Fangesang: Lied vom »Fussisch Julche«)*
Ich wuss et, dat jit nix. Lur ens, dat wor e Faul! Do hat dä dä doch vun hinge an de Botz jepack. Come on FC!! Schieri, do AHLE BÜGGEL, häs de Knöpp op de Aure?	Ich hab gewusst, dass das nichts wird! Guck mal, das war doch ein Foul! Der hat den doch von hinten an der Hose festgehalten. (Fangesang: »Come on FC«) Schieri, du alter Sack, hast du Knöpfe auf den Augen?
Ävver jetz! JEFF JAAS! *Jetz scheeß doch, do Pappnas!*	*Aber jetzt! Los, gib Gas! Jetzt schieß doch, du Idiot!*
At widder nix. Null zo null jewonne. Ich künnt kriesche.	Schon wieder nichts, Null zu null gewonnen. Ich könnte weinen.
Kumm, m'r jon e Kölsch drinke. Un morje jon m'r zom JEISSBOCKHEIM, *do sare m'r denne ens, wat se falsch jemaat han.*	*Komm, wir gehen ein Kölsch trinken. Und morgen gehen wir zum Geißbockheim, da sagen wir denen, was sie falsch gemacht haben.*

Wohlgemerkt	
Stadion	ehemals das Müngersdorfer Stadion, nach aufwändigem Umbau, damit die WM 2006 auch in Köln stattfindet, jetzt RheinEnergyStadion (au weia) nach dem Hauptsponsor
dä FC	der FC = IMMER der 1. FC Köln
Ihrefeld, Raderthal ...	Ehrenfeld, Raderthal etc.: Stadtteile von Köln
M'r losse uns nit dran fummele	eigentlich Karnevalslied, passt aber zu: »Ihr seid nur ein Karnevalsverein«
Jeff Jaas	Gib Gas, so heißt auch ein Lied von BAP auf den FC
Jeißbockheim	Geißbockheim, liegt am Decksteiner Weiher im Grüngürtel und ist das Clubhaus des 1. FC Köln

Vokabeln	
Puute	Kleinkinder
Stuss	Unsinn
ahle Büggel	wörtl.: alter Beutel, abfällig für älterer Mann

Lektion 15 – Ein Geschäftsgespräch

Geschäfte machen heißt, Klüngelpotenzial auszuschöpfen. Die Grenze zum Verbrechen ist dabei keineswegs so fließend, wie so manche Politiker meinen. Auch wenn Sie kein Politiker sind: Opjepass!

Juten Tach, Herr Tinitus. Ich han do e Problem, ävver do künnte Se secher jet dun.	Guten Tag, Herr Tinitus. Ich habe ein Riesenproblem, aber Sie können mir sicherlich helfen.
Tach, Herr Amsterdames. Wat hadder dann?	*Guten Tag, Herr Amsterdames. Womit kann ich helfen?*
Ich han he op d'r Stroß ming Bensinkutsch jewäsche un do es et janze Öl usjelaufe. Ävver jetz et Amp anzorofe es m'r zo düür. Un dann kütt och noch jlich de Zeidung un dann jit et KNIES. Nä, ich han jedaach, dat Ihr m'r do janz flöck ühr Lück schecke künnt, un dann es dat Dinge jeritz.	Ich habe verbotenerweise mein Auto auf der Straße waschen lassen und dabei ist das ganze Öl ausgelaufen. Aber es dem Amt zu melden, wird mir zu teuer. Und dann kommt gleich die Zeitung, und es gibt Ärger. Deshalb dachte ich, Sie könnten Ihre Leute schicken, und dann ist die Sache geritzt.
Ja, jot, ävver m'r mööte dringend üvver dä janze Dress met denne Jröne spreche, met dene mööte m'r jet maache, dat Bärbel Höhn es esu ne scharfe Hungk, dat jeit m'r op de Nerve.	*Selbstverständlich. Aber wir müssen dringend über den ganzen Mist mit den Grünen sprechen, mit denen müssen wir was machen. Bärbel Höhn ist ein scharfer Hund, die geht mir auf die Nerven.*
Jo, dat DIER schleit m'r op d'r Mare. Dat künnt en de Botz jon. Wat meint'r, op die Jeld nimp?	Stimmt, die Frau schlägt mir auf den Magen, das könnte in die Hose gehen. Meinen Sie, dass die Geld nimmt?
Nä, dat SCHLODDERHOHN *kannste nit kaufe. Nur erpresse.*	*Nein, die Gans kann man nicht kaufen, nur erpressen.*

Hadder dann jet? Wat wor dann met denne Köh us d'r Eifel, rof doch ens do beim IM, oder wie heiß dat noch ens, d'r MdB, do dä WÜLLENWEBER, dä fingk secher jet. Jedenfalls, dat HOHN muss fott, do jit et nix.	Haben Sie da was? Wie war das denn mit den Rindern aus der Eifel, rufen Sie doch in Euskirchen einmal den IM, nein, wie heißt das noch gleich, den MdB Wüllenweber an, der findet sicher was. Jedenfalls muss das Huhn weg, da gibt es nichts.
Also, Herr Amsterdames, do han Se Räch. Un ming Lück sin at ungerwächs.	*Sie haben Recht, Herr Amsterdames. Und meine Leute sind schon unterwegs.*
Jot, Herr Tinitus. Un dat andere krijje m'r och op de Reih. Tschö, Herr Tinitus.	Fein, Herr Tinitus. Und das andere bekommen wir auch in den Griff. Auf Wiederhören, Herr Tinitus.
Tschö, Herr Amsterdames. UN ET HÄT NOCH IMMER JOT JEJANGE.	*Auf Wiederhören, Herr Amsterdames. Und es wird schon schief gehen.*
Secher dat! Tschö.	Na klar. Auf Wiederhören.

Wohlgemerkt	
Wüllenweber	typischer Familienname aus der Eifel
Hohn	Huhn, könnte auch ein Mitglied der Mundartgruppe »De Höhner« sein, hier ist mit Huhn aber Frau Höhn gemeint
Et hät noch immer jot jejange	Kölsches Sprichwort und Lebenseinstellung, Urvertrauen, dass alles am Ende gut ausgehen wird

Vokabeln	
Knies	Ärger
Dier	Tier, hier: Frau
Schlodderhohn	wörtl.: Schlotterhuhn, abfällig.

Lektion 16 – Eine Konferenz

Köln ist schon seit der Römerzeit eine erfolgreiche Handels- und Geschäftsmetropole. Der Grundstein dieses Erfolges ist ein guter Geschäftssinn und ein angeborenes Verständnis für die Mechanismen des Marktes. Opjepass!

Su. Wat maache m'r?	Willkommen auf der wöchentlichen Betriebskonferenz. Gegenstand ist heute die Ausrichtung unseres Betriebes im Hinblick auf neu zu erschließende Geschäftsfelder.
Eets drinke m'r en schön Tass Kaffee.	*Wir sollten unsere Geschäftsstrategie in aller Ruhe und Besonnenheit ausarbeiten.*
Wat es dann loss?	Welche Punkte stehen denn heute auf der Tagesordnung?
D'r Schäff hät at widder JEKLÜNGELT. *M'r han vier Kontäner met Schirme us Peking für fass ömesöns jekräje.*	*Der Geschäftsführer hat wieder einmal ein profitables Geschäft eingefädelt. Wir haben vier Container mit Regenschirmen aus Peking sehr günstig erstehen können.*
Jot, die mole mer rut-wieß an un verkloppe se für ene HEIERMANN em Stadion. Et es doch suwiesu immer am schödde, un de Lück kaufe alles, wat rut-wieße Striefe hät.	Gut, die malen wir rot-weiß an und verkaufen sie für zwei Euro fünfzig im RheinEnergyStadion. Es regnet doch so häufig, und die Leute kaufen alles, was rot-weiße Streifen hat.
Jo, dat maache m'r. Hät vun mir sin künne.	*Abgemacht. Das ist ein ausgeklügelter Businessplan.*
Jot, die Schirmcher lossen sich nit opspanne, ävver dat es doch ejal. Haupsaach rut-wieß.	Nun ja, die Regenschirme lassen sich nicht aufspannen, aber das ist im Grunde irrelevant.

Jo, dat es ejal. Dann schrieve m'r noch »I love Kölle« drop, maache de Logos vun CDU, SPD, Jröne, KVB, WDR, Focht un Rheinenerjie drop, un dann läuf dat.

Da haben Sie Recht. Wir lassen »I love Köln« aufdrucken, platzieren die Logos von CDU, SPD, den Grünen, KVB, WDR, Ford und Rheinenergie darauf, und dann wird das wunderbar funktionieren.

Un wemmer drop setze blieve?

Und falls der Absatz doch hinter den Erwartungen zurückbleibt?

Usjeschlosse. Un wenn doch, dann schmieße mer die Dinger em Rusemondaachszoch vum PRINZEWARE.

Das ist äußerst unwahrscheinlich. Falls dieser Fall aber doch eintreten sollte, können wir die Ware immer noch während der Karnevalszeit zu Marketingzwecken einsetzen.

Jot. Also dat hätte mer. Dann maache mer mem Fröhschobbe wigger …

Gut, das wäre also geklärt. Dann gehen wir zum nächsten Punkt über: motivationssteigernde Aktivitäten für Mitarbeiter …

Wohlgemerkt

Auf Außenstehende kann die Kölner Art, Geschäfte zu regeln, eventuell verwirrend wirken. Informieren Sie sich äußerst gründlich, bevor Sie sich auf Verhandlungen mit Kölner Businesspartnern einlassen.

Vokabeln

klüngele	Kölner Geschäftsgebahren, das auf subtil eingefädeltem Tauschhandel beruht.
Heiermann	5-Mark-Stück, Gegenwert von 2,50 Euro
Prinzeware	Prinzenwagen, letzter Karnevalswagen auf dem Rosenmontagszug. Wie der Name schon sagt, fährt darauf der Prinz Karneval.

Lektion 17 – Eine Hochzeit

Eine Hochzeit ist eines der wichtigsten sozialen Events in Köln. Man trifft sich, tauscht Neuigkeiten aus, bewundert das Brautpaar und genießt das üppige Buffet. Falls Sie einmal Gelegenheit haben sollten, eine typische Kölner Hochzeit zu besuchen, sollten Sie sich diese nicht entgehen lassen. Opjepass!

Lurens, Nies, dat Marie em Brautkleid met denne Spetze! Es et nit herrlich anzolure?	Schau einmal, Agnes, das Brautkleid mit diesen Spitzen! Ist das nicht wunderschön?
Jo, dat stemp, Ines, ävver et sitz e bessje SPACK.	*Ja, das stimmt, Ines, aber es sitzt etwas stramm.*
Do meins, et Marie kritt e Kind? Vum Schäng?	Nein? Du willst andeuten, dass Marie schwanger ist? Von Joachim?
Ich han nit jesaat, dat d'r Schäng et jewäse es.	*Ich habe nicht behauptet, dass es Joachim war.*
Ävver et Marie hierot doch jrad dä Schäng.	Aber Marie heiratet doch gerade Joachim.

Jo, ävver dat Marie hät doch ne FISTERNÖLL *mem Schowanni, dem singe Vatter hät die Iisbud am Chlodwigplatz, un do jeit et jede Naach üvver Desch un Stöhl. Dat Yvonne, wat do drüvver wunnt, kunnt et all hüre. Un dä Schäng? Dat kann ich m'r nit vürstelle. Dat dä ...*	*Ja, aber Marie hat doch eine Affäre mit Giovanni, dessen Vater ein Eiscafé am Chlodwigplatz besitzt, und diese Affäre war sehr leidenschaftlich. Yvonne, die darüber wohnt, hat es gehört. Und Joachim? Das kann ich mir nicht vorstellen. Dass der ...*
Do meins, et Marie hierot dä Schäng un hät sich vun däm Schowanni - hät et sich en Pizza en de Backovve schiebe losse?	Du willst also sagen, dass Marie Joachim heiratet, während sie ein typisch italienisches Kind von Giovanni erwartet?
Dat han ich esu nit jesaat. Ävver sin künnt et doch.	*Das habe ich so nicht gesagt. Aber es könnte natürlich sein.*
Psst! Opjepass, jetz jeit et loss!	Psst! Achtung, jetzt geht es los.
Och, ich fang at an ze kriesche. Jetz han se »Jo« jesaat!	*Oh, bald kommen mir die Tränen. Jetzt haben sie sich das Jawort gegeben!*
Kumm, loss mer flöck jon, do krijje m'r als Eetste jet zo käue.	Komm, lass uns schnell gehen, dann sind wir die Ersten am Buffet.
Jo, op dä Schreck, do bruch ich e Kölsch!	*Ja, auf den Schreck brauche ich ein Kölsch!*

Vokabeln	
spack	eng, stramm (bei Kleidung)
Fisternöll	außerpartnerschaftliche Beziehungen, geht angeblich zurück auf »fils de noël« (der Weihnachtssohn), ein während der französischen Besatzung zur Karnevalszeit gezeugtes Kind, das etwa zur Adventszeit auf die Welt kam

Lektion 18 – Ein Ehestreit

Der Kölner ist für sein umgängliches und herzensgutes Naturell bekannt, aber trotzdem kann es gerade unter guten Freunden oder in der Ehe ab und zu zu kleineren Reibereien kommen. Dann wird kein Blatt vor den Mund genommen. Der Streit ist jedoch in der Regel bald vorbei, und bei einem kleinem Umtrunk wird die Versöhnung gefeiert. Opjepass!

Wo küss do esu spät her? Do rüchs wie nen Iltis!	Josef! Wo kommst du denn so spät noch her? Du riechst aber sehr streng!
Wie? Ich?	*Ich? Das ist unmöglich.*
Ja, du! Oder sühs do noch ene andere he?	Aber natürlich. Siehst du etwa noch jemanden hier?
Nä, jrad nit.	*Momentan nicht.*
Wat häs de jemaat? At widder jesoffe?	Was hast du gemacht? Schon wieder getrunken?
Änäääää! Wat denks do dann? Sin ich esu us?	*Nein! Was denkst du nur? Sehe ich so aus?*

Do häs en PLÜSCHNAS un rüchs drei Meter jäjen d'r Wind.	Du hast eine leicht geschwollene und gerötete Nase und riechst drei Meter gegen den Wind.
Nä, dat kann nit sin. M'r hatte doch de Jeschäffsetzung vum KG Jrön-Jääl. Do weed nix jedrunke. Höchstens ens e Bierche.	*Nein, das kann nicht sein. Wir hatten doch die Geschäftssitzung der Karnevalsgesellschaft »Grün-Gelb«. Da wird nicht getrunken. Höchstens einmal ein Bier.*
Un d'r Lippestiff he an dingem HEMP?	Und der Lippenstift an deinem Hemd?
Wie, Lippestiff?	*Von welchem Lippenstift sprichst du?*
Jo do! Knatschrut! Üvverall!	Dort! Knallrot! Überall!
Ach su. Jo, dat wor esu: M'r han neue Mitjlieder un die hatte dat met dem BÜTZE *noch nit esu drop. Do moote m'r dat dene liere.*	*Ach so. Das war so: Wir haben neue Mitglieder, und die wussten noch nicht über die harmlose Karnevalsküsschen-Tradition Bescheid. Also mussten wir sie ihnen beibringen.*
Do bes un bliefs ene FÖTTCHENSFÖHLER.	Du bist und bleibst ein Schürzenjäger.
Och, hür doch op. Kumm Leevje, loss m'r uns nit kabbele, loss m'r direk en de HEIA *jon un uns op et Uhr läje.*	*Hör doch auf. Komm, Liebchen, lass uns nicht streiten, lass uns direkt ins Bett gehen und schlafen.*
Nä! Dat jeit nit!	Nein! Das geht nicht!
Wie, dat jeit nit? Wiesu jeit dat nit? Verzäll nix, ich ben möd.	*Das soll nicht gehen? Wieso denn nicht? Was redest du da, ich bin müde.*
Nit, Jupp! Loss de Pooz zo! JÖMMISCH NÄ!	Nicht, Josef! Lass die Türe zu! Ojemine!
Wat? Wer es dat dann? Pitter? Wat mäst do dann do in mingem Bett?	*Was? Wer ist denn das? Peter? Was machst du denn in meinem Bett?*
Wie, in dingem Bett?	Wie, in deinem Bett?
Jo do! Un PUDDELRÜH!	*Das Bett, in dem du gerade liegst! Und splitternackt!*
Wat ich he maache? Jo nix.	Was ich hier mache? Ja, nichts.

Wie, nix?	*Tatsächlich nichts?*
Jo, nix.	Gar nichts.
Jo, dann es jo jot. Dann kumm en die Kösch, jet drinke.	*Dann ist es ja gut. Lass uns in die Küche gehen und etwas trinken.*
Jo, dat maache m'r.	Gut, das machen wir.
Liebchen, dun dem Pitter un mir e Fläschje Bier.	*Liebchen, könntest du Peter und mir ein obergäriges Bier kredenzen?*

Wohlgemerkt	
Hemp	Hemd (nicht Hanf), die hochdeutsche Endung md und mt wird im Kölschen zu m+p, vergleiche auch Amp (Amt)

Vokabeln	
Plüschnas	Plüschnase, gerötete Nase
Bütze	Küsse (harmlos)
Föttchensföhler	wörtl.: Popofühler, hier: Schürzenjäger
Heia	Bett
Jömmisch nä	Ausruf: Ojemine!
puddelrüh	splitternackt

Lektion 19 – Beim Bäcker

Ihnen wird sicher aufgefallen sein, dass es in Köln besonders viele Bäckereien gibt – beinahe so viele wie Kirchen, Stadtsparkassen oder Büdchen (Kioske). Besonders verwirrend ist die Vielfalt regionaler Backspezialitäten, die man sich aber nicht entgehen lassen sollte. Opjepass!

Juten Morje. Dun m'r ens drei Röggelcher.

Guten Morgen. Reichen Sie mir bitte drei Roggenmehldoppelbrötchen.

De RÖGGELCHER sin noch em Ovve, die bruche noch zwei Stund. Die müsse noch jot schwatz weede. Wie wör et met unserem Schnupperspezialanjeboot: de FC-Brütcher.

Die Roggenmehldoppelbrötchen sind noch im Ofen, die brauchen noch zwei Stunden. Die müssen noch schön knusprig werden. Wie wäre es mit unserem Schnupperspezialsonderangebot: den FC-Köln-Brötchen.

Dat do? Dat sin doch kein Brütcher. Dat sin MUTZEMÄNDELCHER.

Das da? Das sind doch keine Brötchen. Das sind kleine Schmalzgebäckkugeln.

Doch, dat sin de FC-Brütcher. Die sin half esu jroß, ävver dofür dubbelt esu dür, jenau wie dat neue Stadion.

Doch, das sind die 1. FC-Köln-Brötchen. Die sind halb so groß und dafür doppelt so teuer, genau wie das neue Stadion.

Nä, jangk m'r fott domet. Nur weil d'r Overath klein Brütcher back, heiß dat noch lang nit, dat ich die och kaufe muss. Die Brütcher do hinge, met denne Köner drop, die sin jot us.

Nein, lieber nicht. Nur weil Herr Overath kleine Brötchen backt, heißt das noch lange nicht, dass ich die auch kaufen muss. Die Brötchen dort hinten, die mit den Körnern, die sehen gut aus.

Ah, dat sin de Klüngelklumpe. Die sin ech lecker, en janz besondere Spezialität.

Ah, das sind die »Klüngelklumpen«. Die sind wirklich lecker, eine ganz besondere Spezialität.

Un wat kosten die?

Und wie teuer wären die?

Jo, do mööte m'r drüvver schwade. Dinge Kusäng, hürens, es doch bei de RUDE FUNKE.

Nun, da müssten wir drüber reden. Ihr Cousin ist doch bei den Roten Funken.

Dat stemp.

In der Tat.

Un mingem Schworer sing Dochter, e ech lecker Mädche, wööt esu jän ens bei dä Funke danze. Meins do nit, do künnt m'r jet maache?

Die Tochter meines Schwagers, ein entzückendes Mädchen, würde so gerne auch einmal bei den Funken tanzen. Meinen Sie, da wäre etwas zu machen?

Jo, jo. Dann dun m'r ens fünf vun denne Klumpe do, un ich spreche ens met däm.

Aber natürlich. Geben Sie mir fünf von diesen »Klumpen«, und ich werde mal mit ihm sprechen.

Es jot, he häs de se. Ävver pass op, dat do dir dodran nit de Zäng usbieß. Un janz hervorrarend dozo pass unser janz neu Schnupperspezialsonderanjeboot, extra zur Kommunalwahl: de Labertäsch – met heißer Luff opjeschümpte Quarkdeisch met Kölschfüllung.

Einverstanden, bitte sehr. Aber seien Sie vorsichtig, dass Sie sich nicht die Zähne daran ausbeißen. Und ganz hervorragend passt dazu unser ganz neues Schnupperspezialsonderangebot, speziell zur Kommunalwahl: die Labertasche – mit heißer Luft aufgeschäumter Quarkteig mit Kölschfüllung.

Jit et die och en jrön?

Gibt es die auch in grün?

Die jit et en jeder Färv. He, dann nimm noch e WECKMÄNNCHE *met, für dat Klein.*

Die gibt es in jeder Farbe. Hier, dann nehmen Sie noch einen »Weckmann« für den Nachwuchs mit.

Jo, es jot. Tschö, Jupp.

Vielen Dank. Auf Wiedersehen, Herr Schmitz.

Tschö, Monika, bes demnächs.

Auf Wiedersehen, Frau Leyendecker, bis bald.

Wohlgemerkt

Wundern Sie sich in einer Bäckerei nicht, wenn Sie nicht sofort bedient werden. Stammkundinnen haben Priorität, egal, wann sie zur Tür herein kommen.

Vokabeln

Röggelche	Röggelchen, eine Kölner Brötchenspezialität: knusprig braun gebackene Roggenmehldoppelbrötchen
Mutzemändelcher	Muzemandeln, kleine süße Schmalzgebäckkugeln
Rude Funke	Rote Funken, Kölner Traditionskorps mit Tanzmarie
Weckmännche	Weckmann, Hefemännchen, mit Rosinen bedeckt und einer Tonpfeife im Arm. Spezialität zur St. Martinszeit

Lektion 20 – Beim Metzger

Nicht nur Flönz (Blutwurst) und Hämche (gekochtes Eisbein), sondern auch Julasch, Brotwoosch (Bratwurst) und Levverwoosch (Leberwurst) werden in einer kölschen Metzgerei angeboten. Und man bekommt immer einen Tipp, wie das Steak zu braten ist, damit es nicht zäh wird. Wenn Sie kein Vegetarier sind: Opjepass!

Jit et he jet ömesöns oder woröm es dat he esu voll?	Gibt es hier was umsonst oder warum ist das hier so voll?
Frau Schmitz. Wat kredder dann?	*Guten Tag, Frau Schmitz. Was hätten Sie heute gerne?*
Ich bröt zwei Hämcher und e Stöck ZIZIESS. Und dann dot m'r noch zwei Schieve Schinke, ävver dönn! M'r krijje Besök.	Ich hätte gerne zwei Eisbeine und ein Stück frische Bratwurst. Und dann geben Sie mir doch noch zwei Scheiben Schinken, aber dünn geschnitten! Wir bekommen Besuch.
Jeit dat en de Täsch erin oder bröd ihr ne BÜGGEL?	*Passt das in die Tasche oder brauchen Sie eine Tüte?*
Dat jeit esu. Hadder noch jet WOOSCHAFFALL FÖR D'R HUNGK?	Das geht so. Haben Sie noch etwas Wurstabfall für den Hund?
Wie, hadder ene Hungk?	*Seit wann haben Sie denn einen Hund?*
Jo, ne joldene Red River.	Ja, einen Golden Retriever.
Jo, mir han ene Fundländer. So, he, hadder noch e Schiefje Woosch för dat Klein.	*Wir haben einen Neufundländer. Hier haben Sie noch eine Scheibe Wurst für das Kind.*

Wohlgemerkt

Wooschaffall för d'r Hungk	Natürlich kriegt das nicht der Hund. Der Kölsche ist sparsam, und ob die Scheiben größer oder kleiner sind, es ejal: Schmeckt doch alles gleich!

Vokabeln	
Zizieß	frische Bratwurst
Büggel	Beutel, hier: Tüte

Lektion 21 – Beim Friseur

Was Friseure können, können nur Friseure. Und was Kölner können, können nur Kölner. Wen wundert es, dass die Kölner Hair-Designer nicht nur wahre Meister ihres Fachs sind, sondern dass in den gemütlichen Salons der Domstadt auch eine unnachahmlich, kommunikative Atmosphäre herrscht. Opjepass!

Tach, Frau Schmitz. Wat maache mer hück? At widder Strähnche? Oder janz jet Jeckes?	Guten Tag, Frau Schmitz. Wonach steht Ihnen heute der Sinn? Wieder einmal Strähnchen? Oder etwas ganz Ausgefallenes?
Ach, Detlev, ich weiß et nit esu jenau. Ming Hoore sin esu DRÜSCH *un* STRÖPPISCH. *Ich han en schlemme* PÜRK*!*	*Ach, Detlev, ich bin mir nicht so sicher. Mein Haar ist so trocken und ausgefranst. Ich habe eine schreckliche Frisur!*
Drüsch? Un ströppisch? Ach su!	Trocken? Und ausgefranst? Ach so!
Ich sin us wie ene Handfäjer!	*Ich sehe aus wie ein Handfeger!*
Nääääa! Frau Schmitz, saren Se doch sujet nit!	Nein! Frau Schmitz, so etwas dürfen Sie nicht sagen!
Et es ävver esu.	*So ist es aber.*
Dann maache m'r jet met Pep. E Dauerwellche?	Dann machen wir etwas mit Pep. Eine Dauerwelle?
Hach, ich weiß et nit ...	*Ich bin mir nicht sicher ...*
Doch, doch, dat maache mer. Ävver eets ens wäsche.	Doch, das empfehle ich Ihnen. Zunächst werde ich Ihnen die Haare waschen.
Ävver nit at widder met däm Zeuch met d'r Hefe drin! Ich ben doch kein PRUMMETAAT*!*	*Aber bitte nicht schon wieder mit dem Haarpflegeprodukt mit Hefeextrakten! Ich bin doch kein Pflaumenkuchen!*
Nä, dat es jet janz Neues us Pariss: Iv Schäng Loräng.	Nein, es handelt sich um ein neues Produkt aus Paris: Yves Saint Laurent.
Deit dat wih?	*Schmerzt das?*

Enä. Dat deit jot. Wievill soll dann afjeschnidde weede?	Nein. Das ist eine Wohltat. Wie viel soll abgeschnitten werden?
Nit esu vill. Minge Mann will dat nit.	*Nicht so viel. Mein Gatte wünscht das nicht.*
Ach wat, fott met dem Zeuch. WAT FOTT ES, ES FOTT.	Ach was, kurzes Haar ist modern. Und außerdem: Aus den Augen, aus dem Sinn.
Detlev! Ich bin doch kei NÜNGZEHN *mih!*	*Detlev! Ich bin doch keine neunzehn mehr!*
Dat süht m'r ävver nit. Esu, jetz maache m'r dat e bessje schief, weil: schief es englisch un englisch es modern. Un jetz de Dauerwell. Schön still halde! Un de Kopp jraduss, Frau Schmitz!	Das sieht man aber keineswegs. So, jetzt machen wir das schief, denn schief ist englisch, und englisch ist modern. Und jetzt die Dauerwelle. Schön still halten! Und den Kopf geradeaus, Frau Schmitz.
Och, Detlev!	*Ach, Detlev!*
Esu. Dann hammer dat. Dat steit inne janz her-vor-ra-rend!	So. Das hätten wir. Das steht Ihnen ganz her-vor-ra-gend!
Ech? Un wat es met d'r Spannkraff?	*Wirklich? Und was ist mit der Spannkraft?*
Dat krijje m'r hin. He, de Lockenwickler eren un jetz schön e half Stündche unger de Haub, Frau Schmitz. He han se d'r STADT-ANZÜNDER, de RUNDSAU un dä WOCHENIJEL, höhöhö.	Das kriegen wir hin. Jetzt werden die Lockenwickler appliziert, und dann gehen Sie eine halbe Stunde unter die Haube, wo Sie den Stadt-Anzeiger, die Rundschau und den Wochenspiegel lesen können

Eine Viertelstunde später:

Esu, dat es jenoch. Jetz drösele m'r die Wickler widder erus.	So, das reicht. Jetzt entfernen wir die Wickler wieder.
Ävver Detlev!	*Aber Detlev!*
Wat es?	Bitte sehr?
Ich sin jo us wie ne Wischmopp!	*Ich sehe ja aus, wie ein Wischmopp!*

Vokabeln	
drüsch	trocken
ströppisch	struppig, ausgefranst, widerborstig
Pürk	eigentlich: Perücke, hier: Frisur
Prummetaat	Pflaumenkuchen
Wat fott es, es fott	Was fort ist, ist fort, gelebter Kölner Pragmatismus
nüngzehn	neunzehn
Stadt-Anzünder, de Rundsau un dä Wochenijel	Stadt-Anzeiger, Rundschau und Wochenspiegel, Verballhornung für einige der wichtigsten Periodika der Domstadt.

Lektion 22 – Auf dem Biomarkt

Der klassische Kölner Wochenmarkt hat sich in den letzten Jahren sehr gewandelt. Bio-Produkte sind auf dem Vormarsch, und so manch neue Spezialität erobert die Stände. Dabei kann es mitunter zu einem Problem werden, Altvertrautes zu bekommen. Opjepass!

Ba-na-nen! Zwei Eu-ros! Ba-na-nen! Et Kilo zwei Eu-ros!	Bananen! Zwei Euro! Bananen! Zwei Euro das Kilo!
Tach, dun m'r ens en Kilo Ädäppele.	*Guten Tag, ich hätte gerne ein Kilogramm Kartoffeln.*
Ädäppele? Hammer hück nit. Ävver he, de Litschies, janz frisch un esu jesund!	Kartoffeln? Die sind heute nicht vorrätig. Aber diese Lychees hier, die sind ganz frisch und sehr gesund!
Sach, wie soll ich dann d'r Ädäppelschlot met Litschies maache? Wenn schon Obs, dann dun m'r e Pund Prumme.	*Wo denken Sie hin? Soll ich etwa den Kartoffelsalat mit diesen Lychees zubereiten? Wenn es denn Obst sein soll, hätte ich gerne ein Pfund Pflaumen.*
Prumme? Jit et nit. Ävver de Papayas he, dat es jet janz Besonderes. Dat müssen Se probiere!	Pflaumen? Gibt es nicht. Aber diese Papayas hier sind etwas ganz Besonderes. Die müssen Sie probieren!
Ävver ich wollt doch minger Frau en Prummetaat backe. Jeit dat och met denne Papayas do?	*Aber ich wollte meiner Frau doch einen Pflaumenkuchen backen. Wäre das auch mit Papayas möglich?*
Secher dat. Jrad met denne Papayas. Die sin für en Prummetaat jenau richtig.	Natürlich. Papaya ist für Pflaumenkuchen hervorragend geeignet.
Jo, dann dun m'r die ens. Wo kütt dat Zeuch eijentlich her?	*Gut, dann hätte ich gerne etwas davon. Wo kommt diese Frucht eigentlich her?*
Vum Jroßmaat en Raderberg, janz frisch. Hück morje jeplöck. Söns noch jet?	Vom Großmarkt in Raderberg, ganz frisch. Heute Morgen gepflückt. Darf es sonst noch etwas sein?

Jo, dun m'r noch en schön Knoll Sellerie.	*Ja, ich hätte gerne noch eine schöne Knollensellerie.*
Sellerie? Hammer nit. Wat wollen Se dann maache?	Sellerie? Führen wir leider nicht. Was für ein Gericht wollen Sie denn zubereiten?
En schön Zupp met Jemös.	*Eine klassische Gemüsesuppe.*
Oh, do hammer jet janz Feines: japanische Seetang!	Oh, dafür haben wir etwas besonders Exquisites: japanischer Seetang!
Bäh! Dat es jo fies! Do kress de jo SCHLIH ZÄNG *vun.*	*Oh, ich kann mir nicht vorstellen, dass das besonders schmackhaft ist! Davon bekommt man sicher ein merkwürdiges Gefühl auf den Zähnen.*
Ach, dat es doch ejal, do kritt er vun mir he noch dobei en Schöpp Paranöss un en Schöpp Himalaya-Basmati-Ries un en Eck Rohmilch-Stinkekies un ballaststoffreiche äjiptische Düürdaddele un ene halve Dinkel-Soja-Tofuwoosch.	Ach was, das packen wir ein und dazu noch eine Kelle Paranüsse und eine Kelle Himalaya-Basmati-Reis und eine Ecke Rohmilchkäse und ballaststoffreiche ägyptische Dörrdatteln und eine halbe Dinkel-Soja-Tofuwurst.
Weißte wat, behalt dingen Dress, ich jon leever en de Pusztahütt ene Julasch esse.	*Wissen Sie was? Behalten Sie Ihre Ware, ich gehe in der Pusztahütte Gulasch essen.*

Vokabeln	
schlih Zäng	stumpfe Zähne (vor allem nach dem Genuss von Spinat, Rhabarber und ähnlichen Speisen)

Lektion 23 – Im Brauhaus

Lassen Sie sich vom schnodderigen Ton der Kellner nicht irritieren: Nein, die sind nicht unverschämt, die sind nur rustikal. Und bringen Ihnen gleich ein Kölsch, wenn Sie Ihres ausgetrunken haben. Wenn Sie keins mehr wollen, legen Sie einfach den Bierdeckel auf das Glas. Opjepass!

Köbes, dun m'r noch zwei Bier un ene KABÄNES!	Herr Ober, bringen Sie mir noch zwei Kölsch und einen dieser speziellen Schnäpse.
M'r han he nur DECK UN DÖNN.	*Wir haben hier nur »Dick und Dünn«.*
Och jot. Un en Portion KÜHL MET BROTWOOSCH.	Auch gut. Dazu Kohl mit Bratwurst.
Hammer hück nit.	*Haben wir heute nicht im Angebot.*
Wiesu dat dann nit? Jo jot. Dann HIMMEL UN ÄD.	Wieso das denn nicht? Na gut, dann »Himmel und Erde«.
Hammer hück och nit. Dä Koch hätt Kopping un es noh Huss jejange.	*Haben wir auch nicht. Der Koch hatte Kopfschmerzen und ist nach Hause gegangen.*

Wat hadder dann?	Was haben Sie denn?
E Metthäppche. Oder e Wöschje met enem KLÄTSCH ÄDÄPPELSCHLOT.	*Ein Mettbrötchen. Oder ein Würstchen mit einer Portion Kartoffelsalat.*
Es dä Ädäppelschlot met ÖLLICH?	Ist der Kartoffelsalat mit Zwiebeln?
Nä, ävver dat Wöschje met Mostert.	*Nein, aber das Würstchen mit Senf.*
Dann dun m'r dat. Un e Jlas Milch för dat Klein, he. Ävver wärm.	Denn geben Sie mir halt das. Und ein Glas Milch für die Kleine. Aber warm.
Do möd'r jet wade, die Koh muss eets jemolke weede.	*Da müssen Sie ein bisschen warten, die Kuh muss erst gemolken werden.*
Jo saach ens, wat es dat dann he für ne Lade?	Sagen Sie mal, was ist das denn hier für ein Etablissement?
Jo leeven Mann, wenn d'r dat nit pass, musste en de BASTEI *jon.*	*Mein Herr, wenn Ihnen das nicht passt, müssen Sie in die Bastei gehen.*

Wohlgemerkt	
Kabänes	Schnapsspezialität
Deck un dönn	Schnaps, der im Früh-Brauhaus ausgeschenkt wird, kann man dort auch in Flaschen kaufen
Bastei	teures Restaurant am Rheinufer mit auffälliger Architektur

Vokabeln	
Kühl met Brotwoosch	Kohl mit Bratwurst
Himmel un Äd	wörtl.: Himmel und Erde, Äpfel und Kartoffel durcheinander mit gebratener Blutwurst (Flönz)
ene Klätsch	Maßeinheit – ein großer Löffel
Ädäppelschlot	Kartoffelsalat
Öllich	Zwiebel

Lektion 24 – Eine Autofahrt

Köln ist von ringförmigen Straßen umgeben, die Militärringstraße liegt am weitesten von der Innenstadt entfernt und rückt damit in gefährliche Nähe zum Nürburgring. Wenn Sie nicht aus Bergheim kommen: Opjepass!

Also weiß de, he es fuffzich un dä Jeck, dä fährt fass hundert. Dem mööten se direk d'r Lappe afnemme.	Also, weißt du, hier ist fünfzig, und der Verrückte da fährt fast hundert. Man sollte seinen Führerschein einziehen.
Dat sin die Buure us Berchheim, *m'r mööt öm Kölle en Muur trecke.*	*Das sind die Bauern aus Bergheim. Man kommt in Versuchung, sich eine Mauer um Köln zu wünschen.*
Un wie kumme ich dann en d'r Hürthpark?	Aber wie würde ich dann in den Hürthpark kommen?
Menschenskind, jetz bes doch nit esu doof! Die Buure künnten nit eren, ävver mir künnten erus.	*Mensch, jetzt sei doch nicht so dumm! Die Bergheimer könnten nicht mehr rein, aber wir könnten raus!*
Lurens, dä hät se doch nit mih all. Jetz hät dä dat Mopped üvverholt. Dä hät doch ene Ratsch em Kappes.	Schau mal, der hat sie doch nicht mehr alle. Der hat ein Moped überholt. Der hat doch eine Schraube locker.
Dat durt nit lang, dann hät dä d'r Hot an, *dat saach ich dir. Su nen Dress, jetz will dä och op die Friedrich-Schmidt-Stroß.*	*Es kann nicht mehr lange dauern, dann ist der dran, das sag ich dir. Mist, der will auch auf die Friedrich-Schmidt-Straße.*
Wat es dann he loss? Spilt at widder dä FC? Jeff Jaas, ich kumm zo spät nom Frisör.	Was ist denn hier los? Hat der 1. FC Köln schon wieder ein Heimspiel? Beeil dich bitte, ich komme zu spät zum Friseur.
Do muss dä jet wade, ich kann do nix maache. Nem et Händy un rof en an. Ich dun minge Lappe nit riskiere, nur domit do Fassong *en ding Hoor kress.*	*Der muss warten, ich kann nichts machen. Nimm das Handy und ruf ihn an, denn ich riskiere nicht meinen Führerschein, nur damit deine Haare wieder sitzen.*
Es jo jot. Jetz pass doch op!	Ist ja gut. Pass auf!

Jetz hür op ze bremse, do mäs m'r jo ene Blötsch en dä Foßraum.	*Hör auf zu bremsen, du machst mir noch eine Delle in den Fußraum.*
Saach ens, he es et esu dreckich. Die PÄÄDSDECKE sin och at KNÜSELICH. Willste dinge WARE nit ens wäsche?	Sag mal, hier ist es schmutzig. Die Schonbezüge sind auch nicht mehr ganz sauber. Willst du das Auto nicht mal waschen?
Dat maach ich morje.	*Ich wasche es morgen.*
Nä, maach et jlich! Dann han ich ene neue Kopp, un do häs dinge Ware schön.	Nein, mach das bitte gleich. Dann habe ich eine neue Frisur, und du hast ein tadelloses Auto.

Wohlgemerkt	
Buure us Berchheim	Bergheim ist eine Kleinstadt in der Nähe von Köln, die Autofahrer erkennt man am Nummernschild BM. Für die Kölner steht das für: bereifte Mörder. Buure sind Bauern.
Hürthpark	Einkaufszentrum in Hürth, Vorort, der zu Bergheim zählt, deshalb haben auch die Hürther das Kennzeichen BM. Achtung: Das Clubhaus des 1. FC Köln liegt nur ein paar hundert Meter vor der BM-Grenze, da kann man nur sagen: Schwein gehabt!

Vokabeln	
Lappe	Führerschein
Ratsch em Kappes	wörtl.: Riss im Kohl, meint: Schraube locker
d'r Hot an	wörtl.: den Hut an, meint hier: schuld sein
Fassong	aus dem franz. façon, Form
Päädsdeck	Pferdedecke, hier: Decke allgemein
knüselich, Knüsel	nicht mehr ganz sauber, angeschmutzt, Dreck, der nicht zu dreckig ist. Achtung: kurzer Vokal und stimmhaftes s
Ware	Wagen, Auto

Lektion 25 – Eine Bootsfahrt

Wenn man Köln besucht, ist eine Bootsfahrt auf dem Rhein natürlich Pflicht. Aber neben den Schönheiten der Landschaft warten auch einige Unwägbarkeiten auf den unbedarften Passagier. Opjepass!

Mister, Mister, excuse me. Auf diesem Schiff steht »Köln-Düsseldorfer« …

Jo, dat sin ich.	Das ist mir bewusst.

Fährt das Schiff von Köln nach Düsseldorf?

Dat wöss ich ävver. Dat Dinge fährt no Künningswinter. Wat denks do dann, wofür ich he anstonn? Etwa für öm no Düsseldorf ze fahre?	Das wäre mir neu. Dieses Schiff fährt nach Königswinter. Denken Sie, ich würde hier anstehen, um nach Düsseldorf zu fahren?

Oh, right! Lohnt sich denn die Fahrt?

Jung, fahr mem Bötche om Rhing, dann häs de em Hätze Sonnesching.	Mein Herr, eine Bootsfahrt auf dem Rhein ist ein emotionales Highlight.

Okay, dann gehe ich an Bord. Oh, es geht schon los! Das Panorama ist ja atemberaubend!

Eh, do Pappnas! Dat es de SCHÄL SICK, do jit et nix zo sin. He rüvver muss de lure: JROSS ZINT MÄTES, de bunte Hüsjer vum Aldermaat, et Schokolademuseum, dä Bayenturm un die schäbbije Tiefjarasch em Rheinauhafen!

Mein Herr! Sie betrachten die rechte Rheinseite, da gibt es nichts zu sehen. Sie müssen hier herüber schauen: Groß St. Martin, die bunten Häuschen vom Alter Markt, das Schokoladenmuseum, der FrauenMediaTurm und die hässliche Tiefgarage im Rheinauhafen!

Amazing! Wo kommt denn auf einmal die Musik her?

Jung, dat es »Heidewitzka, Herr Kapitän!« Jetz weed jeschunkelt! M'r sin jo nit für ömesöns op dem Bötche he. M'r sin he öm Spass ze krijje!

Mein Herr, das ist »Heidewitzka, Herr Kapitän!« Jetzt wird geschunkelt! Wir sind ja schließlich nicht umsonst auf diesem Schiff. Wir sind zum Vergnügen hier!

Bitte vorsichtig! Das schaukelt so sehr! Mir wird ein bisschen übel!

Dojäje jit et en jode Arznei. He, Skipper! Dummer ens e PICCOLÖCHE, ävver flöck! Söns hammer he bal ene Mann üvver Bord.

Dafür existiert ein probates Gegenmittel. Entschuldigen Sie, Herr Kapitän! Reichen Sie mir bitte schnell eine kleine Flasche Sekt! Sonst geht hier bald ein Mann über Bord.

Oh no, es schaukelt nicht nur, jetzt dreht sich auch alles.

Komm, Jung. Stell dich nit esu an. Lurens he, dat schöne Wesseling!

Mein Herr, stellen Sie sich doch nicht so an. Betrachten Sie das schöne Wesseling!

Oh, das riecht aber furchtbar.

Wat jläuvs do dann, m'r sin he bei denne BUURE. Dat es frische Landluff.

Das versteht sich von selbst, wir sind ja auf dem Land. Das ist frische Luft!

Dieser Geruch steigt mir in den Kopf! Ich glaube, ich muss mich übergeben.

Jung, do muss e Stöckche Koche esse. Herr Kapitän, dummer ens e jroß Stöck Prummetaat met öntlich Sahn drop. Un noch e Piccolöche!	Mein Herr, Sie sollten ein Stück Kuchen essen. Herr Kapitän, reichen Sie mir bitte ein großes Stück Pflaumenkuchen mit reichlich Schlagsahne! Und einen weiteren kleinen Sekt!
Oh no! Jetzt bin ich vollends hinüber. Ich sehe Schnee und Berge!	
Jung, putz d'r de Sahne vun d'r Brell un lur d'r he dat schöne Sibbejebirch an! Su, un jetz hammer noch Zick für e Piccolöche un dann sin m'r en Künningswinter un do jeit et mem Esel de Berch erop.	Mein Herr, wischen Sie sich die Schlagsahne von der Brille und betrachten Sie das schöne Siebengebirge! So, und jetzt ist noch Zeit für eine kleine Flasche Sekt, und dann sind wir in Königswinter, wo ein Ritt auf einem Esel auf Sie wartet.

Wohlgemerkt	
Köln-Düsseldorfer	Rheinische Schifffahrtsgesellschaft. Einziges offizielles Joint Venture dieser verfeindeten Städte, trotzdem ist die Sinkquote erstaunlich gering. Vermeiden Sie, auf das falsche Schiff zu steigen. Sonst landen Sie womöglich doch in Düsseldorf.

Vokabeln	
Schäl Sick	die »schielende«, also die »falsche« rechte Rheinseite
Jroß Zint Mätes	Groß St. Martin
Piccolöche	kleine Flasche Sekt
Buure	Bauern, gemeint sind alle, die im Umkreis von fünfzig Kilometern um Köln herum leben, unabhängig davon, ob es sich um Bewohner industrialisierter oder ländlicher Gebiete handelt.

Lektion 26 – Am Baggersee

Im Sommer trifft sich Groß und Klein in den Naherholungsgebieten rund um Köln. Besonders beliebt sind die zahlreichen Baggerseen. Opjepass!

Stina! Stina! Ich han dir doch at dausendmol jesaat: Do solls ding Limonad nit us d'r Dos drinke, wat wör, wenn do jetz en Bien dren wör? Sach ens, häs do ene Sonnestech?	Christina, Christina! Ich habe dir doch schon tausendmal gesagt: Du sollst deine Limonade nicht aus der Dose trinken, was würde geschehen, wenn da jetzt eine Biene drin wäre? Liebes Kind, hast du vielleicht einen Sonnenstich?
Mamm, jetz räch dich nit op, ich ben at DRÜCKZIN *un weiß at, wat ich dun. Un jetz jon ich en et Wasser, do wo de Käls am sörfe sin.*	*Mutter, bitte reg dich doch nicht so auf, ich bin schon dreizehn Jahre alt, ich weiß, was ich tue. Und jetzt gehe ich ins Wasser, dorthin, wo die jungen Männer surfen.*
Stina, et langk! Do häss jrad en janze Tafel Schokolad JEMÜFFELT, do weiß doch, dat m'r no däm Esse nit en et Wasser darf, dat es le-bens-je-fährlich!	Christina, nun reicht es aber bald. Du hast gerade eine ganze Tafel Schokolade gegessen, du weißt doch, dass man nach dem Essen nicht ins Wasser gehen soll, das ist le-bens-ge-fährlich!
Mamm, do bes esu jemein! Ich han extra d'r neue Bikini enjepack un jetz darf ich nit en dat Wasser eren? Dat es en janz fiese Tour, es dat!	*Mama, du bist so gemein. Ich habe extra den neuen Bikini eingepackt, und jetzt darf ich nicht ins Wasser? Das ist eine ganz hinterhältige Masche!*
Komm, Stina, hür op ze kriesche. Ich han noch en Tafel Schoklad en d'r Täsch, he, nemm d'r jet, dat es jot für et Jemöt. Un dann mäs de e klei Päusje un dann kanns de en et Wasser jon, ävver nur met de Schwemmflüjelcher!	Liebe Christina, hör doch auf zu weinen. Ich habe noch eine Tafel Schokolade in der Tasche, iss etwas davon, das ist gut für das Gemüt. Und dann machst du ein kleines Päuschen und dann kannst du ins Wasser gehen, aber nur mit Schwimmflügeln!
Schwemmflüjelcher? Mamm, wo lävs do dann?	*Schwimmflügel? Mama, wo lebst du eigentlich?*

Vokabeln	
drückzin	dreizehn
müffele	essen

Lektion 27 – Inselurlaub

Eigentlich ist es ja in Köln so schön, dass man gar nicht wegfahren muss, um sich zu erholen. Aber wenn man es trotzdem tut, kann man so manche Überraschung erleben. Opjepass!

Nä, wat es dat schön he. Nadine, do TRECK et Kölsch us d'r Kühltäsch! Ey, wat es dann he loss? Eh, do Jeck, ich han mi Handtoch at vürm Fröhstöck he nevven d'r Puhl jelaat! Maach, dat do fottküss, söns jit et KASALLA!	Nein, ist das schön hier! Nadine, hol doch einmal den Proviant aus der Kühltasche. Huch, was ist denn hier geschehen? Na hören Sie mal, ich habe mein Handtuch bereits vor dem Frühstück hier neben den Pool gelegt! Verschwinden Sie, sonst könnte es unangenehm für Sie werden!
Pass op, dat es m'r ejal wat do mit dingem Handtoch mäs, jetz lijjen ich un ming Frau he un do kanns d'r jet anderes söke.	*Mein Herr, es ist mir gleich, wo Sie Ihr Handtuch hingelegt haben, jetzt liegen ich und meine Frau hier, und Sie müssen sich etwas anderes suchen.*
Wie, dat es d'r ejal! Wo küss do dann her?	Das ist Ihnen also egal? Wo kommen Sie überhaupt her?
Us IHREFELD, dat süht m'r doch.	*Aus Ehrenfeld, das sieht man doch.*
Us Ihrefeld? Do wonnt mi Kusinche, et Trinche! En d'r Subbelrather Stroß. Dat hät do e Blomejeschäff.	Aus Ehrenfeld? In der Subbelrather Straße wohnt meine Cousine Katrin. Sie führt dort ein Floristikfachgeschäft.
Es jo jeck! Dat kenn ich, dat Trinche. Bei däm han ich für e paar Daach noch e Strüßje für ming Tant, et Klara, jekauf. Dat hät nämlich dä Pitter jehierot.	*Das ist aber erstaunlich! Ich kenne Ihre Cousine Katrin. Bei ihr habe ich vor wenigen Tagen noch einen Blumenstrauß für meine Tante Klara gekauft. Die hat einen Mann namens Peter geheiratet.*
Es nit wohr! D'r Trimborns Pitter?	Tatsächlich? Etwa Peter Trimborn?
Jojo dat, jenau dä.	*In der Tat, genau den.*
Dat do d'r Pitter kenns! Es jo jeck. Dat müsse m'r fiere!	Sie kennen Peter tatsächlich! Wahnsinn! Das müssen wir feiern!

Jo, dat maache m'r. Loss mer ovven en de Bodeja beim Petra jon, he es et suwiesu vill zo heiß, he kriss de jo en Aap.	*Das ist eine gute Idee. Wir sollten Petras Bodega aufsuchen, hier ist es ohnehin viel zu heiß, man hält es ja kaum aus.*
Si Señor! Komm, Nadine, drink dat Kölsch us, mer jon he en de Hacienda!	Abgemacht. Komm, Nadine, trink dein obergäriges Bier aus, wir gehen in die Hacienda!

Vokabeln	
trecke	eigentlich: ziehen, hier: nehmen
Kasalla	Trubel der unangenehmen Art
Ihrefeld	Ehrenfeld, Stadtteil von Köln

Lektion 28 – Auf dem Geisterzug

Der Geisterzug zieht am Karnevalssamstag durch die Stadt. Ist was für alle, die schon immer mal hemmungslos auf Schlaginstrumente einhauen wollten – also eine karnevalistische Urtherapie für die Jecken, die den Kopf nicht abschalten können. Opjepass!

Do ben ich ens jespannt, wat dat he jit! Jeisterzoch! Wo sin dann all die Jespenster?

Da bin ich ja mal gespannt, was hier geboten wird. Geisterzug! Wo sind denn all die Gespenster?

Do bes esu doof, dat es doch dä Wetz, dat m'r selver metjeit un nit an d'r Stroß steit. Jetz maach ens vüran, söns künne m'r die Jeister nur noch vun hinge belure. Wie immer, küss de hück nit, küss de morje. Do sinse. Jangk jet schneller, do DRAUMDÖPPE.

Du bist so dumm, das ist doch der Witz, dass man mitgeht und nicht von der Straße aus zusieht. Jetzt beeil dich, sonst sehen wir die Geister nur noch von hinten. Wie immer, kommst du heute nicht, kommst du morgen. Da sind sie schon. Geh ein bisschen schneller, du Träumerle.

Su. Un jetz? Dat es jo wie en Demo! Es dat löstich? Krijje m'r irjendwo jet zo drinke?

So, und jetzt? Das ist ja wie auf einer Demo! Das soll lustig sein? Gibt es hier irgendwo Kölsch?

Nä, jit et he nit, ävver ich han e Flachmännche met HERMÄNNCHE *drin dobei. He, drink!*	*Nein, aber ich habe einen Flachmann mit Hermännchen dabei, hier, trink.*
Lurens, dä do jeit och zom Laache en d'r Keller. Un at widder en Sambatrupp! Jo, sin m'r dann he en Rio? Ich well d'r OSTERMANN hüre un de BLÄCK FÖÖSS, ävver nit nur dat Jebimmels he.	Schau mal, der dort drüben geht auch zum Lachen in den Keller. Und schon wieder eine Sambatruppe! Sind wir denn in Rio? Ich möchte Ostermann hören und die Bläck Fööss, nicht diese Instrumente.
Jetz hür op zo SCHÄNGE, *Mann, und waat noch jet.*	*Hör auf zu schimpfen und warte noch ein bisschen.*
Su. Un jetz? Dat es he nix für mich, die fiere jo jar nit, die maache nur Krach! Komm, lommer jon, ich well en de Kneip, do komme m'r söns nit mih eren.	So. Und jetzt? Das ist nichts für mich, die feiern ja gar nicht, die machen nur Krach. Lass uns gehen, ich möchte in eine Kneipe, da kommen wir sonst nicht mehr rein.
Jetz waat noch jet!	*Warte noch ein bisschen.*
Su. Lurens, dä do. Dä es nur am schwade. Dä schwad sich noch de MUL OP STRIEFE! Ich well fott he! Jetz komm! Söns es de Kneip voll, un dann weed ich WÖDISCH. Loss die he maache, JEDE JECK ES ANDERS, ävver ich maach dat he nit met. Komm!	So. Schau mal, der dort drüben. Der redet und redet. Ich möchte hier weg! Jetzt komm! Sonst ist die Kneipe voll, und dann werde ich wütend. Lass die feiern, jedem das, was ihm gefällt, aber ich mache hier nicht mit. Komm!
Do häs jo Räch. Dat es m'r he zo DRÜSCH.	*Na gut. Du hast ja Recht. Das ist mir zu verkopft hier.*

Wohlgemerkt	
Hermännche	Schnapsmarke
Ostermann	Willi Ostermann, großer Sänger und Komponist
Bläck Fööss	Mundartgruppe
Jede Jeck es anders	wörtl.: Jeder Verrückte ist anders, meint: Jeder soll nach seiner Façon selig werden.

Vokabeln	
Draumdöppe	Träumerle
schänge	schimpfen
Mul op Striefe	wörtl.: Maul auf Streifen, hier: den Mund fusselig reden
wödisch	wütend
drüsch	trocken

Lektion 29 – Auf dem Rosenmontagszug

An den tollen Tagen gibt es viele Züge – Veedelszüge, auf denen es ruhiger zugeht, und den großen Rosenmontagszug. Leider wird diese Tradition immer rücksichtsloser kommerzialisiert. Opjepass!

Hüürens, ich stonn he at ZICK NÜNG UHR. Un jetzt küss do un stells dich he vür mich? Weißte wat: Jangk wigger!

Entschuldigen Sie, aber ich stehe hier seit neun in der Früh, hier können Sie nicht stehen bleiben. Gehen Sie bitte weiter.

Dat jeit m'r op d'r Jeiß, dat he üvverall nur LASSWARE *stonn. He kanns de nirjendwo mih stonn, nur noch setze. Die Stadt es beklopp! Dat heiß Stroßekarneval un nit* TRIBÜNEKARNEVAL! *Wenn die all meine, se mööten setze, dann sollen se doch zo Huss blieve und dat Spellche en d'r Flimmerkess belure!*

Das geht mir auf den Geist, dass hier überall Lastwagen stehen. Hier kann man nirgends mehr stehen, nur noch sitzen. Die Stadt ist verrückt. Das heißt Straßenkarneval und nicht Tribünenkarneval. Wenn alle meinen, sie müssten sitzen, dann sollen sie zu Hause bleiben und die Festivitäten im Fernsehen anschauen.

Komm, dat weed eng, loss m'r jet schunkele, dann hammer he mih Platz. Ävver hösch! Schunkele, nit schubse, söns merk m'r dat.

Komm, das wird mir hier zu eng. Lass uns ein wenig schunkeln, dann haben wir mehr Platz. Aber vorsichtig. Schunkeln, nicht rempeln, sonst merken die anderen noch was.

Do kütt d'r Zoch! Et wood och Zick!

Da kommt der Zug. Das wurde auch Zeit.

KAMELLE!!! STRÜSSJER!! Saach ens, es dä Hein noch bei denne BLAUE FUNKE? Jeit dä met em Zoch? Do es er jo, om Päd! Hein!!!!!!!!

Bonbons! Blumen! Ist der Heinrich eigentlich bei den »Blauen Funken«? Geht er im Zug mit? Da ist er ja, hoch zu Ross! Heinrich!

Vier Stunden später

Ich han ieskaale Föß! Wo bliev dann d'r PRINZ? ICH WELL NO HUSS!

Ich habe eiskalte Füße. Wo bleibt denn Prinz Karneval? Ich will nach Hause.

Do kütter jo. Och, wat es dann met däm loss? Dä hät jo e Jeseech wie ene JUMMISTIVVEL. *Jetz laach doch ens, do* KIESKOPP! *Dat es en Schand! Do häs de et, wenn die vum* FESSKOMITEE *immer nur de* JROSCHE *sin un nit lure, op die Junge dat och künne. Demnächs han die noch Werbesprüch op däm* ORNAT, *ävver dann es et he* MATTHIAS AM LETZTE, *do, dat saach ich der ävver.*	*Da kommt er schon. Aber was ist denn mit ihm los? Der macht ja ein Gesicht wie sieben Tage Regenwetter. Lächle doch mal, du Käsekopf! Es ist eine Schande. Das kommt davon, wenn die Mitglieder des Festkomitees immer nur aufs Geld schauen und nicht darauf achten, ob die Kandidaten auch geeignet sind. Es kommt noch so weit, dass die Kostüme des Dreigestirns mit Werbebannern versehen werden. Aber dann ist es kurz vor zwölf!*
Räch dich doch nit esu op! Wenn dat esu kütt, steije die Kölsche däm ENGELS OP ET HÄUPCHE, dann muss dä widder Zäng trecke. Komm, m'r jon. Ich han en ZUPP jemaat, do weed et uns widder wärm.	Reg dich bitte nicht so auf. Wenn das so weit kommt, steigen die Kölschen dem Herrn Engels aufs Dach, und dann darf der wieder Zähne ziehen. Komm, wir gehen. Ich habe Suppe gekocht, da wird es uns wieder warm.

Wohlgemerkt

zick nüng Uhr	Seit neun Uhr, ziemlich früh, um sich an den Zugweg zu stellen. Es geht um die erste Reihe, die muss man verteidigen.
Lassware	Lastwagen haben sich zur Rosenmontagspest entwickelt. Die Stadt vermietet gemeinsam mit dem Festkomitee Stellplätze am Zugweg, und mittlerweile schrumpfen die Plätze, wo der Kölner seinen Körper stehend platzieren kann, auf ein Minimum. Merke: Den Rosenmontagszug schaut man stehend an!
Tribünenkarneval	zwar feiner als Lastwagen-Karneval, aber genau so verwerflich
Blaue Funke	Die Blauen Funken, Traditionskorps, erste Gruppe im Rosenmontagszug
Prinz	Teil des Dreigestirns (Prinz, Bauer und Jungfrau), immer krönender Abschluss, d.h. letzter Wagen im Rosenmontagszug

Wohlgemerkt	
Ich well no Huss	Nicht ganz korrekter Wunsch, man sollte nach dem Zug in eine Kneipe wollen.
Fesskomitee	Festkomitee, gegründet 1823, seitdem Organisator des offiziellen Karnevals
Ornat	Kostüm bzw. Uniform des Dreigestirns
Engels	Hans Horst Engels, Festkomiteepräsident, pensionierter Zahnarzt

Vokabeln	
zick	Zeit, hier: seit
Kamelle	Bonbons
Strüßjer	(Blumen)Sträußchen
Jummistivvel	Gummistiefel, meint hier ein verknautsches Gesicht
Kieskopp	Käsekopf, abfällig für Holländer, meint hier Nicht-Kölner
Jrosche	Groschen, Pars pro Toto für Geld
Matthias am Letzte	höchste Zeit
Op et Häupche steije	wörtl.: auf das Haupt (Häuptchen) steigen, aufs Dach steigen
Zupp	Suppe

Lektion 30 – Bei einer Sitzung

Sofort nach Silvester geht der Sitzungskarneval los. Ein teurer Spaß. Zuerst muss eine teure Eintrittskarte gekauft werden, dann was Neues zum Anziehen, dann eine teure Fahrkarte der KVB, dann unglaublich teure Getränke und später womöglich noch ein teures Taxi. Opjepass!

Saach ens, Gretche, wat trecke m'r dann an?

Was sollen wir anziehen?

Ich weiß et och nit! Ich han jestern noch mem Kättche telefoneet, dat es och schon janz fäädich. Un ich han och nix anzotrecke, dat ale Kleid vum letzte Johr dat dun ich nit mih an! Dat kennt ja at dä janze Jözenich.

Ich bin auch ratlos. Ich habe gestern noch mit Käthe telefoniert, und die ist auch aufgebracht. Ich habe nichts Passendes anzuziehen, das alte Kleid aus dem letzten Jahr zieh ich nicht noch mal an. Das kennt schon der ganze Gürzenich.

Wat willst do dann, dat Kleid es doch jot!

Was willst du eigentlich, das Kleid ist doch gut!

Hach, dä Mann es furchbar! Do häs keine Jeschmack, dat hät at ming Mamm immer jesaat.

Du bist furchtbar. Du hast keinen Geschmack, aber das hat meine Mutter schon immer gesagt.

Jetz fängk dat at widder an, hür doch op. Un ich? Ich han keine Smoking, ävver dat es jo och esu ne Stuss, Fastelovend em Smoking! Un ding beklopp Idee, Tesafilm op de Botz zo klääve! Dat dat nit halde kann, woss ich. Dat moot jo en de Botz jon.

Jetzt geht die alte Leier wieder los, hör bitte auf. Und ich? Ich besitze keinen Smoking. Das ist ja auch Blödsinn, Karneval und Smoking! Deine etwas abwegige Idee, die Beine der Anzughose mittels Tesafilm in eine Smokinghose umzugestalten, hat nicht funktioniert. Dass das nicht halten würde, wusste ich vorher. Das musste ja in die Hose gehen.

*Es jo jot, do bruchs nit jedes Mol domet anzefange! Ich verstonn dat ävver och nit, wat soll m'r dann »*FESTLICH JEKLEIDET*« op en Sitzung jon! Weißte wat? M'r maache dat nit met! Do trecks di* KLUUTEKOSTÜM *an un ich mi* KOMPOTTHÖÖTCHE*, un fädich!*

Du brauchst mich nicht jedes Mal daran zu erinnern. Ich verstehe aber auch nicht, warum wir »festlich gekleidet« auf eine Karnevalssitzung gehen sollen. Weißt du was? Wir machen das nicht mit. Du ziehst dein Klutenkostüm an, und ich setze meinen Hut auf, und fertig.

Weis de wat, du bes jot! Dann meine de Lück, m'r wöre besonders JECK, dabei hammer bloß nix anzedun!

Meine Liebe, du bist ja schlau. Dann glauben die Leute, wir wären besonders karnevalsverrückt, dabei haben wir bloß nichts Passendes anzuziehen!

Ich rofe noch ens dat Kätche an. Dat weed Aure maache! Un op die Tour hammer och noch Jeld för en KAL ENT.

Ich rufe gleich mal Käthe an. Die wird Augen machen. Und auf diese Art und Weise können wir uns auch noch eine »Kalte Ente« leisten.

Nix do. Kölsch im FOYER, mih jit et nit. Un vürher jon m'r en de Malzmüll, do drinke m'r at ens e paar, dann weed dat im Jözenich nit esu DÜÜR.

Nichts da. Kölsch im Foyer, mehr gibt es nicht. Und vorher gehen wir in die »Malzmühle«, da trinken wir schon ein paar Kölsch, dann wird es im Gürzenich nicht so teuer.

Do bes un blievs ene KNIESKOPP*!*

Du bist und bleibst ein Geizhals.

Wohlgemerkt	
festlich jekleidet	Stimmt wirklich: Die Kleiderodnung sieht für manche Sitzungen Smoking bzw. Abendkleid vor.
Foyer	Raum vor dem Sitzungssaal, in dem auch Kölsch ausgeschenkt wird. In den Sälen ist nämlich oft Weinzwang.

Vokabeln	
Kluutekostüm	Kostüm, das der Kluft der Arbeiter an der Rheinwerft nachempfunden ist.
Kompotthöötche	feiner Hut
jeck	kann man nicht übersetzen, ein komplexer Begriff, hier: karnevalsverrückt
Kal Ent	Kalte Ente, Sitzungsgetränk: Über eine Zitronenschale werden eine billige Flasche Wein und eine billige Flasche Sekt gegossen – das Ergebnis ist ein sehr kostspieliges Sitzungsgetränk, das hundertprozentig Kopfschmerzen verursacht.
düür	teuer
Knieskopp	Geizhals

Lektion 31 – Parkprobleme

Fahren Sie an Karneval nicht mit dem Auto, sondern stellen Sie es an einem ungefährdeten Platz ab, der möglichst weit weg vom Zugweg liegt. Dann brauchen Sie die folgende Lektion nicht zu lernen. Opjepass!

Saach ens, wo es dann minge Ware! De stund doch he.

Sag mal, stand unser Auto nicht hier?

Nä, dat wor he nit. He es jo nix. Dat wor bestemp em KÜMPCHENSHOFF.

Nein, hier war das nicht. Hier ist es ja leer. Das Auto stand bestimmt Am Kümpchenshof.

Nä nä nä, dat wor he. Wat es dat dann: absolutes Halteverbot ab Sonntag um sechs! Jo es et dann möchlich? Die han de Kess afjeschlepp. Dat kann doch wohl nit wohr sin! He jon de SCHULL- UN VEEDELSZÜCH! Jo simmer dann beklopp! Wiesu häss do dat dann nit jewuss?

Nein, es stand hier. Was ist das denn: absolutes Halteverbot ab Sonntag um sechs. Die haben die Kiste abgeschleppt! Das darf doch nicht wahr sein! Hier gehen die Schul- und Viertelszüge. Warum hast du das nicht gesehen?

Dat stund jestern noch nit he, dat Schild.

Das Schild stand gestern noch nicht hier.

QUATSCHVERZÄLL!

Blödsinn!

Jetz rof ens de Schmier an und froch, wo dä Ware hinjekumme es! Su nen Dress! Dat weed düür.

Ruf mal die Polizei an und frag, wo das Auto ist. So ein Mist! Das wird teuer.

Dä sät am Bonntor. Wie kumme m'r dann jetz do hin?

Der sagt, das Auto steht am Bonntor. Wie kommen wir denn dort hin?

Met d'r Stroßebahn! Oder meinste, m'r nemme jetz och noch en TAX?

Mit der Straßenbahn. Oder meinst du, wir nehmen jetzt auch noch ein Taxi?

Ävver dat es ene PÄDSWÄCH, do bruche m'r en Stund! Un m'r wollte doch bei denne Köhlers dä Veedelszoch lure!

Aber das ist ein langer und beschwerlicher Weg. Da brauchen wir eine Stunde. Und wir wollten doch bei Köhlers den Viertelszug schauen.

Ejal! Do hinge es de U-Bahn, die nemme m'r jetz! Un dann steije m'r am Chlodwigplatz öm en d'r Bus. Jetz maach at! Su jet, do! Nä, nä, nä.	*Egal. Da hinten ist die U-Bahn, die nehmen wir jetzt. Und steigen am Clodwigplatz in den Bus um. Mach ein bisschen schneller. Nein, so etwas!*
Jetz hür op zo KNÖTTERE! Jetz kannste nix mih dran maache. LAACH DOCH ENS, ET WEED WIDDER WEEDE.	Jetzt hör auf zu motzen. Da kannst du nichts ändern. Lach mal, es wird wieder werden.

Wohlgemerkt	
Kümpchenshoff	Am Kümpchenshof, angebliche Heimat von Jan von Werth, Straße in der Innenstadt
Schull- un Veedelszüch	Schul- und Viertelszüge, ziehen Karnevalssonntag durch die Stadt und nehmen den gleichen Weg wie der Rosenmontagszug
Laach doch ens, et weed widder weede	Lach doch mal, das wird schon wieder – war 2004 Motto des Rosenmontagszugs

Vokabeln	
Quatschverzäll	wörtl.: blödsinniges Gerede, meint: Blödsinn
Tax	Taxi
Pädswäch	Pferdeweg, langer und beschwerlicher Weg
knöttere	knurren, vor sich hin schimpfen

Lektion 32 – Der Kölner Dom

Der Dom ist für den Kölner nicht bloß ein berühmtes Bauwerk – er ist eine Herzensangelegenheit. Es mag vorkommen, dass gestandene Männer beim Anblick »ihres« Domes in Tränen ausbrechen. Das passiert vor allem bei der Heimkehr von Reisen, wenn die gotischen Doppeltürme zum ersten Mal wieder in das Blickfeld geraten. Opjepass!

Lurens, Trautche, d'r Dom!

Sieh einmal, Traudl, der Dom!

Nä, wat es dä widder schön hück!

Nein, wie schön der heute wieder ist!

Jo, do säste jet. Ich saach noch jestern für dat Marie: Dä Dom, dat es doch jet janz Besonderes. Un wat dä für en Ausstrahlung hät! Dat es unbeschreiblich.

Da sagst du was. Ich habe zu Marie gestern noch Folgendes gesagt: Der Dom ist etwas ganz Besonderes. Was für eine Ausstrahlung der hat! Das ist unbeschreiblich.

Jenau, Jupp, un wenn dä esu anjestrahlt es!

Genau, Josef, vor allem, wenn er so angestrahlt ist!

Weißt do, Trautche, do weed et m'r janz wärm öm et Hätz, wenn ich dä su sin, unsere Dom.

Weißt du, Traudl, mir wird ganz warm ums Herz, wenn ich den Dom so betrachte.

Un wenn do met d'r Bahn vum Fluchplatz us vun Mallorka zurück küss un do sühs d'r Dom, dann weiß de: He ben ich doheim.	*Und wenn man mit der Bahn vom Flughafen aus von einer Reise nach Mallorca zurückkehrt und den Dom sieht, dann weiß man: Hier bin ich zu Hause.*
Jo. Dat stemp.	Ja, das stimmt.
Ävver Jupp, do bes jo am KRIESCHE*!*	*Aber Josef, du weinst ja!*
Et es einfach esu erjreifend, weißte! Dat es esu imposant!	Es ist einfach so ergreifend! Das ist so imposant!
Jupp, komm ens bei mich.	*Oh, Josef, komm einmal zu mir.*
Weiß de wat, Trautche: D'R DOM, DÄ LOSSE M'R EN KÖLLE!	Weißt du was, Traudl: Den Dom, den lassen wir in Köln!

Wohlgemerkt	
D'r Dom, dä losse m'r en Kölle	Ein bekanntes Lied der Bläck Fööss: M'r losse d'r Dom en Kölle – wir lassen den Dom in Köln.

Vokabeln	
kriesche	weinen

Lektion 33 – Im Beichtstuhl

Der Kölner an sich ist katholisch. Das hat seine Vorteile – vor allem den, dass relativ ungeniert gesündigt werden kann, denn anschließend kann ja alles gebeichtet werden. Manche Sünden sind allerdings so gravierend, dass es sogar den leidgeprüften Kölner Pastoren die Sprache verschlägt. Opjepass!

Ich han janz, janz, janz schlemm jesündich, Herr Pastur.	Vater, ich habe einer sehr, sehr, sehr große Sünde begangen.
Saach! Loss hüre! Wat wor dann loss? Fridaachs Fleisch jejesse?	*Nein! Erzähl davon! Was ist geschehen? Hast du freitags Fleisch gegessen?*
Änä.	Nein.
Om hellije Sonndaach jearbeit?	*Am heiligen Sonntag gearbeitet?*
Änä.	Nein.
De Jröne jewählt?	*Die Grünen gewählt?*
Ich ben doch nit beklopp!	Ich bin doch nicht verrückt!
Ävver wat wor et dann?	*Aber was war es dann?*
FASTELOVEND …	Karneval …
Ach esu! Dat hammer met drei Ave Maria vum Desch.	*Ach so! Das kann man mit drei Ave Maria erledigen.*
Nä, Pastur! Nit wat do denks!	Nein, Vater! Es ist nicht, was Sie denken!
Jo wat dann?	*Aber was denn dann?*
Et wor Rusemondaach. D'r janzen Daach han ich jefiert.	Es war am Rosenmontag. Den ganzen Tag habe ich gefeiert.
Jot! Der Wille des Herrn jeschehe!	*Recht so! Der Wille des Herrn geschehe!*

Ävver jrad wie dat Dreijesteen öm de Eck kom – ich hat jrad et achunzwanzichste Kölsch jedrunke –, do es et passeet.

Aber gerade in dem Moment, in dem das Dreigestirn um die Ecke bog – ich hatte gerade mein achtundzwanzigstes Kölsch getrunken –, da ist es passiert.

Ja wat? Loss jöcke, Schmal!

Was ist geschehen? Nun rede doch!

Ich kunnt nit mih: Ich han Wasser jedrunke.

Ich konnte nicht mehr: Ich habe Wasser getrunken.

Leeven Herrjott! Dat jit et doch nit! Wasser! Am Rusemondaach! Wo d'r Prinz öm d'r Eck kütt! Sakrileech!

Um Gottes Willen! Das gibt es doch gar nicht! Wasser? Am Rosenmontag? Als gerade der Prinz um die Ecke bog? Sakrileg!

Saren ich doch. Ich weiß och nit, wie dat passeere kunnt. D'r DÜÜVEL hät sing Klaue em Spell jehatt. Wie kann ich ming Siel rette?

Das sage ich doch. Ich weiß auch nicht, wie das passieren konnte. Der Teufel hatte seine Finger im Spiel. Wie kann ich meine Seele retten?

Do muss do ene Aflass dun. Sujet kann nur an hüchster Stell jerejelt weede. He häs do vun d'r Sparkass en Überweisungsformular an d'r Kardinal.

Da muss ein Ablass her. So etwas kann nur an höchster Stelle geregelt werden. Hier hast du ein Sparkassenüberweisungsformular an den Kardinal.

Danke, Herr Pastur.

Danke, Herr Pastor.

Jo, es jot. Ziehe nun hin in Frieden, in nomine patri in spiritus sanctus, un esu.

Schon gut. Ziehe hin in Frieden im Namen des Vaters und des Sohnes und des Heiligen Geistes, usw.

Wohlgemerkt

Sollten Sie zufälligerweise protestantisch sein, lassen Sie das mit dem Sündigen besser bleiben. Sie können ja nachher nicht mal beichten. Um vorzusorgen, sollten Sie Köln zumindest zur Karnevalszeit strikt meiden.

Vokabeln	
Fastelovend	ein weiteres Wort für Karneval
Düüvel	Teufel

Lektion 34 – Eine Prozession

Nicht zu verwechseln mit der Mülheimer Gottestracht. Fronleichnamsprozessionen gibt es in jeder Gemeinde, aber die Domgemeinde hat natürlich die schönste. Opjepass!

Jetz maach de Knöpp vun dingem Anzuch zo, dat süht jo us wie esu e BASELÜMPCHE!	Jetzt knöpfe die Anzugjacke zu, das sieht ja aus wie eine Lumpenjacke.
Ich krijje die nit mih zo! Do kann ich d'r Buch entrecke wie ich well! Jo jot, ich versök et noch ens. Et jeit jrad esu.	*Ich bekomm die Jacke nicht mehr zu. Da kann ich den Bauch einziehen, wie ich will. Gut, ich versuche es noch einmal. Es geht gerade noch.*
Do häs ävver och ene Buch kräje, Jung. Lurens, wat he loss es!	Du hast aber auch einen Bauch, so was! Schau mal, was hier los ist!
Do es jo och dä Meisner un dä Henrichs, die jon ungerm Himmel. Wä es dat do noch do ungerm Himmel, kenns de die?	*Da sind ja auch Kardinal Meisner und der ehemalige Domprobst Henrichs, die gehen unter dem Himmel. Wer geht noch unter dem Himmel? Kennst du die anderen?*
Dat sin die fein Lück us d'r Altstadt.	Das sind die wohlhabenden Bürger aus der Altstadt.
Es jo schad, dat die he kein Kamelle schmieße, do köme och mih Lück!	*Schade, dass hier keine Bonbons geworfen werden, dann kämen bestimmt mehr Leute.*
Menschenskind, m'r han doch keine Fastelovend, do Jeck!	Mensch Meier, es ist doch nicht Karneval, du Verrückter.
Wat hält dä do huh?	*Was hält der dort drüben in die Höhe?*
Dat es de Monstranz, dat möötste ävver wesse. M'r sin he im hellije Kölle. Do es unsere Herrjott dren. Dat Dinge es janz us Jold!	Das ist die Monstranz, das müsstest du aber wissen, die ist ganz aus Gold, und da ist Gott drin. Wir sind schließlich im heiligen Köln.
Sach ens, hät fröher nit immer dä DECKE PITTER *jelück ?*	*Hat früher nicht die größte Glocke des Kölner Doms geläutet?*

Dä lück, jläuf ich nur noch am Hellije Ovend.	Die läutet, so glaube ich, nur noch Heiligabend.
Es die Prozedur langsam am Eng? Ich kann dä Buch nit mih entrecke und ich ben at am schweißte.	*Ist die Prozedur bald zu Ende? Ich kann den Bauch nicht mehr einziehen, und ich schwitze.*
Dat heiß Prozession, nit Prozedur!	Das heißt Prozession, nicht Prozedur!

Wohlgemerkt	
d'r decke Pitter	Petersglocke, größte Glocke im Kölner Dom, 1924 geweiht

Vokabeln	
Baselümpche	unansehnliches Kleidungsstück, Lumpen

Lektion 35 – Eine Beerdigung

Köln ist katholisch, d.h. alles, was nicht katholisch ist, ist Diaspora und muss sich warm anziehen. Opjepass!

Häs de jehoot, dat LEYENDECKERS ÄNNCHE es jesturve.

Haben Sie gehört, Anna Leyendecker ist verstorben.

Wodran es dat dann jesturve?

Woran ist sie denn verstorben?

Ich jläuv, et Hätz hät nit mih metjemaat, ävver dat wor ja och at üvver nüngzich. Am Fridaach kütt et unger de Äd und hingerher weed et Fell versoffe.

Ich glaube, ihr Herz hat aufgehört zu schlagen. Aber sie war ja bereits über neunzig Jahre alt. Am Freitag wird sie beerdigt, und anschließend findet der Leichenschmaus statt.

Kütt dann dem sing Dochter och?

Wird ihre Tochter auch anwesend sein?

Weiß de dat dann nit? Die hatten doch KNATSCH! Zick d'r KUMMULIJON vun däm Enkelche. UN dat will nit, dat d'r Pastur kütt! Kannste dat verstonn? En Beerdijung un keine Pastur! Ävver de Schmitzens vun nevvenan han sich jekömmert, dat Ännche hät dat met denne afjemaat, die maache dat met däm Pastur, da kann dat Frauminsch jar nix maache. Un no dem Pastur singem Säje jit et eets ens jet zo esse.

Ja, wissen Sie das denn nicht? Die hatten doch Streit! Seit der Kommunion des Enkelchens. Und jetzt möchte die Tochter auf einen Geistlichen verzichten. Können Sie das verstehen? Eine Beerdigung ohne Geistlichen! Aber die Familie Schmitz, ihre Nachbarn, haben auf Geheiß von Anna einen Geistlichen bestellt, da kann die Dame sagen, was sie möchte. Nach dem Segen gibt es was zu essen.

Ich komme och. Han die dann Blömcher? Oder muss m'r die selver kaufe?

Ich werde kommen. Gibt es denn kleine Blumensträuße, oder muss ich mir selbst einen besorgen?

Weiß ich nit! Bestemp. Dat Ännche hat jo JET OP D'R TÄSCH jehatt, dat wor nit ärm, och wenn et manchmal esu ussoh.

Ich bin mir nicht sicher, aber ich denke schon. Anna Leyendecker war relativ wohlhabend, auch wenn man es ihr nicht unbedingt ansah.

Jot, dann bis Fridaach. Saach ens, wo kütt dat dann unger de Äd? Op MELOTE *oder om* SÜDJOTTFRIED*?*

Wir sehen uns also am Freitag. Wo findet die Beerdigung eigentlich statt? Auf dem Friedhof Melaten oder auf dem Südfriedhof?

Op Melote!	Auf dem Friedhof Melaten.
Hat dat do e Jrundstöck?	*Hatte Frau Leyendecker dort ein Grab angemietet?*
Ävver at lang, do litt doch dä Tünn, dem Ännche singe Mann!	Schon lange, dort liegt bereits Anton Leyendecker, das ist der Ehemann.
Stemp jo! Bes Fridaach! Dat ärm Minsch!	*Sie haben Recht. Bis Freitag! Die arme Frau Leyendecker!*

Wohlgemerkt	
Leyendeckers Ännche	Der Kölner nennt gerne zuerst den Familiennamen und dann den Vornamen. Dann weiß man gleich, von welcher Sippe die Rede ist. Leyendecker deutet darauf hin, dass die Familie ursprünglich aus der Eifel kommt.
Melote	Der Melatenfriedhof an der Aachener Straße, bekanntester und begehrtester Friedhof, weil dort viele berühmte Leute liegen.
Südjottfried	Der Südfriedhof entlang dem Militärring, keine ganz so exklusive Adresse wie Melaten, aber auch nicht schlecht.

Vokabeln	
Knatsch	Streit
Kummulijon	Der Kölsche hat es halt nicht so mit den Fremdwörtern, und ein l spricht sich leichter als ein n.
jet op d'r Täsch han	wörtl.: etwas auf der Tasche haben, wohlhabend sein

Lektion 36 – Ressourcenknappheit

Wer was auf sich hält, schenkt auch auf einer Privatparty Kölsch vom Fass aus. Achtung, Zapfhahn nicht vergessen. Und Kölsch trinkt man aus Kölschstangen, und aus sonst nix! Opjepass!

Dat FÄSSJE es bal am Eng.	Das Fass Kölsch ist bald leer.
Häs de at ens jekipp?	*Hast du es schon schräg gehalten?*
Wiesu, häs de kei mih?	Warum fragst du, haben wir kein neues Fass mehr?
Nä, dat woren DRESSICH LITER FÖR FUFFZEHN MANN. *Ich daach, dat wör jenoch.*	*Nein, denn ich dachte, dass 30 Liter für 15 Leute ausreichen.*
Häs de och kei Flaschebier mih?	Hast du auch kein Flaschenbier mehr?
Nä. Wat maache m'r dann jetz?	*Nein. Was sollen wir jetzt tun?*
Ich kann nit mih fahre. Froch ens dat Monika. Dat hät nit vill jedrunke und kann vielleich noch fahre.	Ich kann nicht mehr Auto fahren. Frag mal Monika, ich glaube, die hat noch nicht viel getrunken, vielleicht kann sie ja noch fahren.
Et sät, et künnt nit mih fahre, weil et drei Schabau jedrunke hät. Su ne Dress. Wat mache m'r dann jetz?	*Sie sagt, sie könnte nicht mehr fahren, weil sie drei klare Schnäpse getrunken hat. So ein Mist. Was sollen wir jetzt tun?*
Ich weiß et nit! Zo Foß es et zo wick. Rof doch ens d'r BIERBLITZ an! Die brenge d'r et Bier no Huss!	Ich weiß es auch nicht. Zu Fuß ist es zu weit. Ruf doch mal den Bierblitz an! Die liefern Kölsch nach Hause.
Wie spät es et dann? Elf Uhr! Jot, dat jeit. Et es zwar düür, ävver dat jeit jo och nit, dat m'r jetz schon kei Kölsch mih han.	*Wie spät ist es denn? 23.00 Uhr. Gut. Das ist zwar teuer, aber es geht nicht an, dass wir jetzt schon kein Kölsch mehr haben.*
Komm rof an, nä es dat peinlich!	Los, ruf an. Mensch, ist das unangenehm!

Wohlgemerkt	
e Fässje Kölsch	ein Fass Kölsch, opjepass: 10-Liter-Fässchen heißen Pittermännsche
Dressich Liter för fuffzehn Mann	Eigentlich gut überlegt, denn man rechnet Pi mal Daumen zwei Liter pro Person. Dann hat man die Suffköpp (heftigen Trinker) und die, die Lömelöm (Limonade) trinken, gegeneinander aufgerechnet.
Bierblitz	Bierlieferant, der bis in die Nacht noch Fässchen Bier nach Hause liefert

Lektion 37 – Eine Autopanne

Auch wenn die Straßen im Kölner Raum von ausgezeichneter Qualität sind und das Netz von Werkstätten seinesgleichen sucht, kann es jedem einmal passieren, dass der Wagen liegen bleibt. Opjepass!

Tach. Ben ich do richtich bei Focht?	Guten Tag. Bin ich mit der Ford-Werkstatt verbunden?
Ja. Wat es loss?	*Willkommen beim Ford-Kundenservice. Wir freuen uns über Ihren Anruf. Wie können wir Ihnen weiterhelfen?*
Minge Fiästa es op d'r Ennere Kanalstroß lieje jeblivve.	Mein Wagen, Modell Fiesta, ist auf der Inneren Kanalstraße liegen geblieben.
Ja un? Wat kann ich dofür?	*Wo genau liegt das Problem?*
Ich kumme he nit mih fott!	Ich komme nicht mehr von hier fort!

Jo, dat es doch normal op d'r Ennere Kanalstross.	*Nun, das ist auf der Inneren Kanalstraße durchaus üblich.*
Dat stemp, ävver d'r Motor es esu komisch am qualme. Wat kann dat dann sin?	Da haben Sie Recht, aber der Motor qualmt so merkwürdig. Was kann das nur sein?
Dä mät e Zirettepäusje.	*Er macht eine Zigarettenpause.*
Un de Reife sin jeplatz.	Und die Reifen sind geplatzt.
Ja, vür lutter Ärjer üvver dinge Fahrstil!	*Das könnte eventuell auch an Ihrem Fahrstil liegen.*
Un de Pooz jeit och nit mih op!	Und die Tür lässt sich nicht mehr öffnen!
Jo, so lang et dat Radio noch deit.	*Nun, solange das Radio noch geht.*
Dat deit et och nit mih!	Auch das funktioniert nicht mehr!
Selver schuld. Wer käuf sich denn och sun Huddelskess? *Met enem Mätzedes wör dat nit passeet.*	*Das ist bei diesem Modell ein bekanntes Problem.*
Hüürens, Schäff! Wat soll ich dann jetz maache? Meins do, ich han Loss he op d'r Kanalstroß zo üvvernaachte?	Werter Herr, was empfehlen Sie mir? Ich habe einen dringenden Termin.
Weißte wat? Maach et wie d'r Ostermann, de es och zo Foss no Kölle jejange.	*Ein Mitarbeiter unseres Serviceteams ist bereits zu Ihnen unterwegs.*

Wohlgemerkt

»Ich mööch zo Fooss noh Kölle jon« – großer Erfolg des unsterblichen Kölner Komponisten und Karnevalisten Willi Ostermann.

Vokabeln

ennere Kanalstroß	Umgehungsringstraße mit hohem Staupotenzial
Zirette	Zigaretten
Huddelskess	schlampig gebautes Auto, Montagswagen

Lektion 38 – Beim Zahnarzt

Da Zahnschmerzen einen Besuch in der Metropole verleiden können, kommt man um ein paar zahnmedizinische Worte nicht herum. Deshalb: Opjepas!

Tach, Frau Schmitz, ich krijje 10 Euros.	Guten Tag, Frau Schmitz. Ich bekomme 10 Euro.
Wofür dat dann? He han Se mi Käätche.	*Wofür? Hier haben Sie meine Versicherungskarte.*
Dat bruch ich och. Un wäje denne Euros mööder dä Eichel frore. Oder dä Hartz. Dot üch noch ENE SCHLAACH en et Wadezimmer setze, et jeit jlich wigger.	Die brauche ich auch. Und wegen den Euro müssen Sie den Eichel fragen. Oder den Hartz. Setzen Sie sich noch kurz ins Wartezimmer, gleich geht es weiter.

Vier Stunden später:

Tach, Herr Dokter, ich han jo su en Ping! Ovve links stemp jet nit. Ich jäuv, de BRÖCK es am waggele.	*Tag, Herr Doktor, ich habe solche Schmerzen. Oben links stimmt was nicht. Ich glaube, die Brücke ist nicht mehr fest.*
Menschenskinder, Frau Schmitz, wat han Se dann met Ihrem Jebess jemaat? Dat es jo janz scheif!	Frau Schmitz, was haben Sie denn mit Ihrem Gebiss gemacht? Das ist ja ganz schief!
Dat han ich immer verlore, do hät minge Mann de Zang jenomme. Un dann wor dat ävver zo fass!	*Ich habe es immer verloren, und da hat mein Mann die Zange genommen. Und dann saß es zu fest.*
NOH FESS KÜTT LOSS! Nä, also do bruchen Se e neu. Un de Kass bezahlt dat nit, do künnen Se at ens ihr Sparschweinche jet födere!	Nach fest kommt lose! Sie brauchen ein neues. Und die Kasse zahlt das nicht, da können Sie Ihr Sparschwein schon ein bisschen füttern.
Es jot, dat saren ich mingem Mann. Dä kann dat och bezahle, dä häddet jo och kapott jemaat.	*Gut, ich richte es meinem Mann aus. Das kann er bezahlen, er hat es schließlich auch kaputt gemacht.*

Es m'r ejal, Frau Schmitz. Ävver beim nächste Mol kommen Se zo mir un losse Ihre Mann met d'r Zang nit mih an de Zäng! Tschö Frau Schmitz.	Das ist mir egal, Frau Schmitz. Und beim nächsten Mal kommen Sie zu mir und lassen Ihren Mann nicht mehr mit der Zange an die Zähne. Auf Wiedersehen, Frau Schmitz.

Wohlgemerkt	
Noh fess kütt loss	Alte Bauarbeiterregel: Wenn man zu fest zudreht, hält es auch nicht.

Vokabeln	
Ene Schlaach	Einen Schlag, meint hier Zeiteinheit: kurz
Bröck	Brücke (Zahn~ sowie Rhein~)

Lektion 39 – Bei der Polizei

Einen kölschen Polizisten erkennt man erstens an der üblichen grünen Uniform und zweitens an einem Oberlippenbart, der gerne etwas buschiger ausfallen kann. Der Bart ist auch bei Karnevalisten sehr beliebt. Bart oder nicht: Opjepass!

Ben ich do bei d'r Polizei? Tach, Herr Wachtmeister, m'r sin he jrad am Lido he un do sin ich em Wasser jet schimmere, ich jläuv, dat es ene Tresor.	Bin ich da bei der Polizei? Guten Tag, Herr Wachtmeister, wir sind hier gerade am Decksteiner Weiher, und da schimmert was im Wasser, ich glaube, das ist ein Tresor.
Jot, m'r kumme. Ävver blieven Se do, m'r bruchen Se noch.	*Gut, wir kommen. Aber bleiben Sie da, wir brauchen Sie noch.*

Später:

Luren Se ens he, dat es doch en Biesterei.	Schauen Sie mal hier, das ist doch eine Biesterei.

Och, dat hammer janz off. Wenn die Drecksäck dat Jeld jenomme han, versöken die, dä Tresor loss zo weede und dä flüch dann he oder en d'r Rhing eren. He hammer at Fahrrädder jefunge un ahl Reife un e Mopped und Möbele. Die Lück schmießen einfach alles he eren.	*Das haben wir ganz oft. Wenn das Gesindel das Geld genommen hat, versuchen sie, den Tresor loszuwerden, und der fliegt dann hier rein oder in den Rhein. Hier haben wir schon Fahrräder gefunden und alte Reifen und ein Moped und Möbel. Die Leute schmeißen einfach alles hier hinein.*
Dat jit et doch nit! Do mööt m'r doch ens jet dran dun!	Das gibt es doch nicht! Da muss man doch was tun!
Wie soll dat dann jon? Soll ich he en die Bröh steije?	*Wie soll das denn gehen? Soll ich hier in die Brühe steigen?*
Woröm eijentlich nit? Meinen Se, ich dät dat?	Warum eigentlich nicht? Meinen Sie, ich würde das tun?
Dat wör jot, oder soller m'r etwa vürher dat Wasser aflaufe losse!	*Das wäre gut, schließlich können wir nicht vorher das Wasser ablaufen lassen.*

Wohlgemerkt

Einen Lido (von ital. Ufer) gibt es nicht nur bei Venedig, sondern auch in Köln. Heißt offiziell Decksteiner Weiher und ist eine beliebte Joggingstrecke sowie Ziel von Sonntagsspaziergängern.

Lektion 40 – Beim Arzt

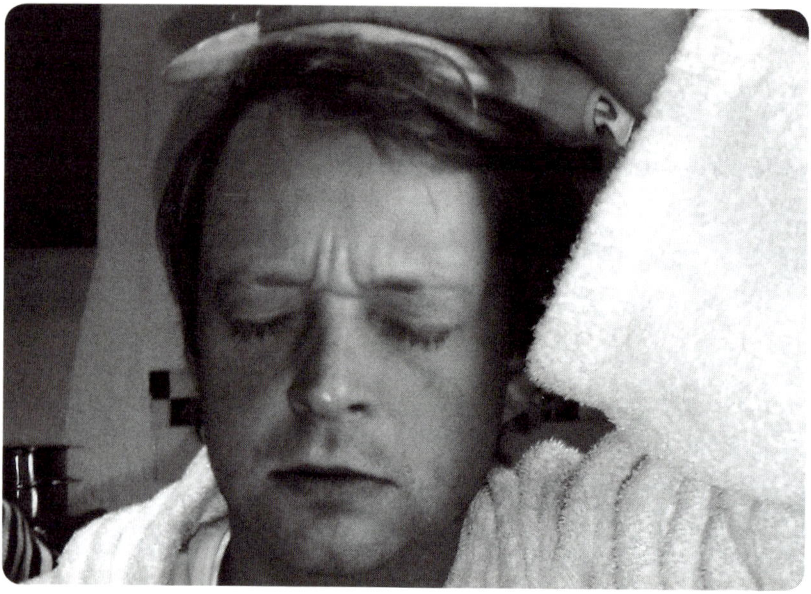

Sollten Sie während Ihres Kölnaufenthaltes einmal krank werden, zögern Sie nicht, eine Privatpraxis oder eines der modernen Krankenhäuser der rheinischen Metropole aufzusuchen. Das kompetente medizinische Fachpersonal wird Sie im Handumdrehen kurieren. Opjepass!

Tach, Herr Dokter.	Guten Tag, Herr Doktor.
Na, WO KLEMP D'R SCHOH?	*Was fehlt Ihnen denn?*
Ich han et am MARE. Dat deit esu wieh, ich weede beklopp.	Ich habe Magenbeschwerden. Es schmerzt so sehr, dass ich es kaum aushalten kann.
Wat am Mare? Dat es jo FIES.	*Na so etwas! Magenbeschwerden? Das hört sich ja unangenehm an.*
Herr Dokter, ich bin ärch MALAD.	Herr Doktor, ich bin sehr krank.
Hät et Erika at widder HIMMEL UN ÄD *für dich jemaat?*	*Hat Ihre Frau wieder Blutwurst und Kartoffelpüree für Sie gekocht?*

Schön wör et. Die PING dure immer nur en Woch.

Wenn es das nur wäre! Dann wären die Schmerzen wenigstens nach einer Woche vorbei.

Ävver wat häs do dann jemaat? Irjend jet muss do doch jemaat han?

Aber was haben Sie denn gemacht? Irgendetwas müssen Sie doch gemacht haben.

Also, et es esu. Ich han mit minger Frau ming Tant, et Elsbeth, en NÜSS besok. Et jov Koche un SCHABAU. Un dann sin mer zoröck jefahre un do hatt ich op einmol op d'r Sibbenunfuffzich esu ne BRAND kräje, do moot ich anhalde un an ener USELIJE Tankstell e Bier us d'r Dos drinke.

Also, es verhält sich so. Ich habe mit meiner Frau meine Tante Elisabeth in Neuss besucht. Es gab Kuchen und Schnaps. Und auf der Rückfahrt bekam ich auf der Autobahn 57 so einen Durst, dass ich anhalten und an einer verkommenen Tankstelle ein Dosenbier trinken musste.

Om Joddes Welle!

Was Sie nicht sagen!

Ich saachen et doch! Ich saach für dä TUPPES en d'r Tankstell: Dun m'r ens e Bier, ävver flöck. Zack, de Dos op un ab dofür. Ratsch wor dat Dinge leer. Un ovends zo Huss, als ich jrad d'r eetste Schluck vun mingem Entspannungskölsch SCHLAPPE, jeit et loss: Et brannt wie de Höll, als hätt ich en Fläsch Chili con Carne jedrunke!

Und doch ist es so gewesen! Ich sagte zum Verkaufspersonal an der Theke: Geben Sie mir bitte schnell ein Bier. Ich trank es hurtig aus. Und abends, zu Hause, als ich den ersten Schluck meines Entspannungskölsch nahm, ging es los: Es brannte wie die Hölle, als hätte ich eine Flasche Chili con Carne getrunken.

Saarens!

Das ist ja kaum möglich!

Jläuven Se m'r, Herr Dokter!

Glauben Sie mir, Herr Doktor!

Pass op. Wo jenau wor de Tankstell? En Nüß?

So was! Wo genau war diese Raststätte? In Neuss?

Jo, dat mööt koot hinger Düsseldorf jewäse sin.

Ja, das dürfte kurz hinter Düsseldorf gewesen sein.

Jo bes do dann jeck? Do häs do anjehalde? Un häs Bier jedrunke?

Sind Sie denn verrückt? Dort haben Sie angehalten? Und haben Bier getrunken?

Jo jo, dat.

Aber natürlich.

Jung, do häs dich verjeff. Do häs ALT *jedrunke un donoch e Kölsch dropjeschott. Wat meins do dann, wat do all passiere kann?*	*Mein Herr, Sie haben sich vergiftet. Sie haben Alt getrunken und danach Kölsch beigemengt. Was denken Sie, was da alles passieren kann!*
Ich krijje ET ÄRME DIER!	Ich befürchte das Schlimmste!
Et sieht schlemm us. Loss m'r ens lure he mem Ultraschall. Uiuiuiui! De janze Mare es verklump un trick Fäddem. Do jit et nur eins!	*Das sieht schlecht aus. Ich werde eine Ultraschalluntersuchung durchführen. Uiuiuiui! Der ganze Magen ist verklumpt und zieht Fäden. Da gibt es nur eins!*
Jo wat dann?	Und das wäre?
En Kölschkur. He is et Rezep, do bes ein Woch malad jeschrivve, jangk erüvver bei d'r Jupp en et PÄFFJEN *un drink dich jesund. De janze Woch nix anderes wie Kölsch, dann weed alles widder jot!*	*Eine Kölschkur. Hier ist das Rezept, Sie sind eine Woche krankgeschrieben, gehen Sie hinüber zu Josef in der Päffgen-Brauerei und trinken Sie sich gesund. Nehmen Sie die ganze Woche nichts anderes als Kölsch zu sich, dann werden Sie genesen.*

Vokabeln	
wo klemp d'r Schoh	wörtl.: wo klemmt der Schuh? hier: Was fehlt Ihnen?
Mare	Magen
fies	hier: unangenehm
malad	krank
Himmel un Äd	Kölner Spezialität aus Blutwurst und Kartoffelpüree
Ping	Schmerzen
Nüß	Neuss
Schabau	Schnaps
Brand	großer Durst
uselij	heruntergekommen
Tuppes	hier: junger Mann
schlappe	genüsslich trinken (nicht zu verwechseln mit »Schlappen« = Pantoffeln)

Vokabeln	
Alt	bierähnliches Getränk, das in zurückgebliebenen Gegenden nördlich von Köln zur Abstumpfung der Bevölkerung ausgeschenkt wird
et ärme Dier	unguter Gemütszustand
Päffjen	Kölner Traditionsschänke

ANHANG

Vokabeln	
Aap	wörtl.: Affe, meint: einfältiger Mensch
en Aap kräje	einen Affen bekommen, in einen unguten Gemütszustand abrutschen
Aapejäckche	alberne Kleidung, hier: Uniform
ahle Büggel	wörtl.: alter Beutel, abfällig für älterer Mann
Alt	bierähnliches Getränk, das in zurückgebliebenen Gegenden nördlich von Köln zur Abstumpfung der Bevölkerung verwendet wird
Annemie, ich kann nit mih	Annemarie, ich kann nicht mehr. Annemarie dient nur der Reimbildung, der Name der angesprochenen Person kann davon durchaus abweichen.
at	schon
Baselümpche	unansehnliches Kleiungsstück, Lumpen
Bes do dann jeck?	Sind Sie denn verrückt?
Blaumann	Arbeitsoverall
Botz, Bötzje	Hose, Höschen
bovve	oben
Brand	großer Durst
Bröck	Brücke
bütze	küssen
Buure	Bauern
d'r /minge/dinge Panz	das/mein/dein Kind
d'r Hot an	wörtl.: den Hut an, meint: schuld sein
d'r Jrönjödel	der Grüngürtel
d'r Monte Scherbelino em Beethovepark	der Schuttberg im Beethovenpark
d'r Papp	der/mein/dein Mann/Vater
d'r Rhingpark	der Rheinpark

Vokabeln	
d'r Stadtjade	der Stadtgarten
d'r Volksjade	der Volksgarten
d'r/minge/dinge Pattühm	der/mein/dein Patenonkel
d'r/minge/dinge Ühm	der/mein/dein Onkel
Dat es d'r jet	wörtl.: Das ist dir was, meint: So was!
Däts	Kopf
de /ming/ding Pänz	die/meine/deine Kinder
de /ming/ding Mamm	die/meine/deine Frau/Mutter
de/ming/ding Jroß	die/meine/deine Oma
de/ming/ding Tant	die/meine/deine Tante
Dier	Tier
Doot m'r ens ...	Ich möchte ...
Dräumdöppe	wörtl.: Traumtöpfchen, verträumter, langsamer Mensch
Drecksack	Bier mit Cola
Dress	Scheiß, Mist
Drömeldier	verträumte Person
drüsch	trocken
Dun m'r dat ens opschrieve	Bitte schreiben Sie mir das auf
düür	teuer
Düüvel	Teufel
Düx	Deutz, Stadtteil auf der rechten Rheinseite
elfte em elfte	der elfte im elften. Gemeint ist der 11. November, an dem die Karnevalssaison eröffnet wird und das kulturelle Leben der Stadt beginnt.
em Henkelmännche op d'r schäl Sick.	in der Kölnarena auf der rechten Rheinseite
em Joldene Kappes op d'r Nüßer Stroß	im Goldenen Kappes (Goldenen Kohl) auf der Neusser Straße

Vokabeln	
em Jözenich	im Gürzenich
en d'r Fringspooz	in der Severinstorburg
en d'r Hahnepooz	in der Hahnentorburg auf dem Rudolfplatz
en Düx	in Deutz
en Müllem	in Mülheim
ene Schlach	Schlag
enklätsche	eincremen, aber gründlich
erömkamelle	Unsinn reden
et ärme Dier	unguter Gemütszustand
Fassong	aus dem franz. façon, Form
Fasteleer	Wort für Karneval
fies	unangenehm
Fippche	Zigarette
flöck	schnell
Flönz	Blutwurst
flupp	etwas funktioniert oder gelingt
Focht	Ford, in Köln ansässige Automarke
Föttchensföhler	Popofühler, Schürzenjäger
Fressklötsch	verfressene Person
Frikadellcher	Frikadellen
Hadder ...?	Haben Sie ...?
Heia	Bett
Himmel un Äd	Kölner Spezialität aus Blutwurst und Kartoffelpüree
hinger	hinter
hösch	langsam, vorsichtig
Huddelskess	schlampig gebautes Auto
hürens	hören Sie

Vokabeln	
Ihrefeld	Ehrenfeld, Stadtteil von Köln
Imi	imitierter, d.h. falscher, d.h. nicht gebürtiger Kölscher
jangk	Imperativ von »jon« = gehen
jeck	karnevalsverrückt
Jecke	Verrückte
Jedeck	ein Kölsch und ein Schnaps in Einracht serviert
Jedöns	Krempel, Kram
jet in de Maue han	körperliche Stärke besitzen
Jet om Name han/jet op d'r Name kräje	wörtl.: etwas auf dem Namen haben, etwas auf den Namen bekommen, meint: etwas verdienen, nicht nur Geld, sondern auch Ruhm und Ehre
Jo	Ja
Jode Naach	Gute Nacht
Jömmisch nä	Ausruf: Ojemine!
Jot	Danke, gut
Jot	Danke, nicht so gut
Jot	Danke, leider schlecht
jraaduss	geradeaus
Jrosche	Groschen
Jroß Zint Mäte	Groß St. Martin
Jummistivvel	Gummistiefel
Kabänes	kräuterbetonter Likör aus Brühl
Kal Ent	Kalte Ente, Sitzungsgetränk
Kamelle	Bonbons
Kanalstroß, ennere	äußere Umgehungsringstraße
Kasalla	Trubel der unangenehmen Art
Kesselsflicker	Kesselflicker

Vokabeln	
kiebich	wütend
Kieskopp	Käsekopf, abfällig für Holländer
klääv	kleben
Klotz, Pl. Klötz	Kegel
Kluutekostüm	Kostüm, das der Kluft der Arbeiter an der Rheinwerft nachempfunden ist
Knatsch	Streit
knatsche	greinen
Knies	Ärger
Kniesbüggel	Geizhals
Knieskopp	Geizhals
knöttere	knurren, vor sich hin schimpfen
knüselich, Knüsel	nicht mehr ganz sauber, angeschmutzt, Dreck, der nicht zu dreckig ist. Achtung: kurzer Vokal und stimmhaftes s.
Köbes	Kurzform von »Jakob«, alle Kellner in Kölner Brauhäusern werden so genannt
Kopp	Kopf
Kopping	Kopfschmerzen
kräje	kriegen
kriesche	weinen
kritt ene Schlach, Infinitiv: ene Schlach kräje	einen Schlag(anfall) bekommen
Kummulijon	Kommunion
Küss do hück nit, küss do morje.	Kölner Lebensweisheit: Kommst du heute nicht, kommst du morgen.
kutt	Imperativ plural von »kumme«: kommt
Labbes	junger Mann von schmächtiger Gestalt
Lappe	Führerschein
Lappe fott	Führerschein entzogen

Vokabeln	
Leckerche	niedliches kleines Mädchen
Leevje	Liebe, Liebchen
links eröm	links
loss jöcke	schieß los, komm in die Hufe (Imp.)
Loss mich en Rauh	Lassen Sie mich in Ruhe
Lümmeltüt	Kondom
lure	schauen
Lurens	Schauen Sie
maggele	Geschäfte auf typische Kölner Art und Weise erledigen
malad	krank
Malester	Ärger
Mare	Magen
Matthias am Letzte	höchste Zeit
Merkenich	Stadtteil im Norden Kölns
Möckeföttche	schönes Fräulein
Möpp	Köter
Morje	Guten Morgen
Mostert	Senf
Muckibud	Fitnessstudio
muhzisch	übellaunig
Muuzemändelcher	Muzemandeln, kleine süße Schmalzgebäckkugeln
nä	nein
nevve	neben
Nies	Agnes
Nüß	Neuss
om Aldermaat	auf dem Alter Markt
om Nümaat	auf dem Neumarkt

Vokabeln	
op	auf
op d'r Fringsstroß	auf der Severinstraße
op d'r Huhstroß	auf der Hohestraße
op d'r Marienburg	In Marienburg
op d'r Palantermannsjass	auf der Palanterstraße
op dat Häupche steije	aufs Dach steigen
Pädswäch	Pferdeweg, langer und beschwerlicher Weg
Päffje	Traditonsschänke in der Friesenstraße
Pänz, Panz	Kinder, Kind
Piccolöche	kleine Flasche Sekt
Ping	Schmerzen
Plüschnas	Plüschnase, gerötete Nase
Pluute	Krempel und/oder Klamotten
Pooz	Tür
Prummetaat	Pflaumenkuchen
puddelrüh	splitternackt
Puute	Kleinkinder
quasi	eigentlich, so gut wie
Quatschverzäll	Blödsinn
rääch eröm	rechts
raderdoll	völlig verrückt
Radiesje	wörtl.: Radieschen, meint: attraktive junge Dame
Ratsch em Kappes	wörtl.: Riss im Kohl, meint: Schraube locker
Rhing	Rhein, nicht zu verwechseln mit Ring, dem Straßenring rund um die Innenstadt Kölns
Röggelche	Röggelchen, eine Kölner Brötchenspezialität: knusprig braun gebackenes Roggenmehldoppelbrötchen

Vokabeln	
Rude Funke	Rote Funken, kölner Traditionskorps mit Tanzmarie
Saarens	Sagen Sie
Schabau	Schnaps
schäl Sick	die »schielende«, also die »falsche« rechte Rheinseite
Schäng	Johannes
schänge	schimpfen
Schäselong	Sofa
Schirf	altes, aber noch einigermaßen funktionstüchtiges Teil
schlappe	genüsslich trinken
schlih Zäng	stumpfe Zähne (vor allem nach dem Genuss von Spinat, Rhabarber und ähnlichen Speisen)
Schlodderhohn	Schlotterhuhn, abfällig
Schmal	oft bei der Anrede von männlichen Personen verwendet, wertneutral
Simuleet, simuleere	sich vorstellen, ausmalen
Strüßje	(Blumen)Sträußchen
Stuss	Unsinn
Tach	Guten Tag
Tax	Taxi
trecke	ziehen
Tschö	Auf Wiedersehen oder Auf Wiederhören
Tünn	Anton
Ühm	Ohm, Onkel
unger	unter
uselisch	heruntergekommen
üvver	über

Vokabeln	
Veedel	Stadtviertel
Verzäll	Gerede
vürre	vorn
Waat ens	Einen Moment bitte
Ware	Wagen, Auto
Wat?	Wie bitte?
Wat koss dat?	Wie viel kostet das?
Weckmännche	Weckmann, Hefemännchen
Wie isset?	Wie geht es Ihnen?
Wo es dat Klo?	Wo ist die Toilette?
Zick	Zeit, auch: seit
Zirette	Zigaretten
Zupp	Suppe

Tobias Bungter

Die Abenteuer von Kokolores & Co.

Band 1: Gemein!

Band 2: Futschi Kato!

Band 3: Jeck!

Band 4: Abrakadabra

Alle Bände gebunden, 176 Seiten

»Knisternd, kindgerecht, kölsch – so schreibt Bungter über das geklaute Heiligtum oder das unterirdische Köln, immer witzig, frech und mit unaufdringlichem Lokalkolorit«.

Express

www.kiwi-koeln.de

KIWI Köln

Helga Resch

Der Karnevalsknigge

Feiern wie die echten Kölschen

Broschur, 144 Seiten

»Ein Muss für alle Pappnasen!«

Badisches Tageblatt

»Wirklich empfehlenswert«

Westfälischer Anzeiger

Manfred Linke & Ansgar M. van Treeck

Stunksitzung

Broschur, 192 Seiten, durchgehend vierfarbig

Herausgegeben von Reiner Rübhausen
und dem Ensemble der Stunksitzung

In der Karnevalssession 2003/2004 blickt Köln zurück auf zwanzig Jahre »Stunksitzung«. Grund genug, in ausführliche Feierlichkeiten auszubrechen und diese Zeit noch einmal Revue passieren zu lassen. Denn die »Stunksitzung« ist mehr als eine gute Karnevalsshow. Sie ist auch die beispiellose Geschichte eines selbstverwalteten Projekts in den Wirren des Kölner Karnevals und steht für »Stunk«, der über die Grenzen des Karnevals hinaus getragen wird.

Die Fotografen Manfred Linke und Ansgar M. van Treeck führen chronologisch durch 20 Sessionen »Stunksitzung«. Dazu erzählen Zeitzeugen – von Jürgen Becker bis Gaby Köster, von Michael Vesper bis Wolfgang Nitschke – originelle Geschichten aus dem Blickwinkel vor und hinter den Kulissen.